Enfermedad de Parkinson: Últimas Etapas

Dr. Juan Moisés de la Serna

Dr. Ángel Moreno Toledo

Dr. Fabián Cremaschi

Editorial Tektime

2020

"Enfermedad de Parkinson: Últimas Etapas"

Escrito por el Dr. Juan Moisés de la Serna; Dr. Ángel Moreno Toledo y Dr. Fabián Cremaschi

1ª edición: diciembre 2020

Distribuido por Tektime

https://www.traduzionelibri.it

Para referenciar:

De la Serna, J.M: Moreno Toledo. A. y Cremaschi, F. (2020). *Enfermedad de Parkinson: Últimas Etapas.* Montefranco, Italia. Editorial Tektime.

Aviso Legal

Prólogo

Hablar del Párkinson es hacerlo de una enfermedad progresiva donde el paciente va a ir perdiendo con el tiempo el control de sus movimientos, lo que va a tener importantes repercusiones en cuanto a su independencia y calidad de vida, e incluso en los cuidadores y familiares.

Este texto es complementario al titulado "La Enfermedad De Parkinson En Tiempos De Pandemia" publicado en julio del 2020; y escrito en colaboración con la Dra. Mª Esther Gómez Rubio; el Dr. Marcos Altable Pérez y el Dr. Juan Moisés de la Serna.

En el presente texto en el que colaboran el Prof. Dr. Fabián Cremaschi; el Dr. Ángel Moreno Toledo y el Dr. Juan Moisés de la Serna; se focaliza en las últimas etapas de la enfermedad de Párkinson, prestando especial atención tanto en cuanto a sus consecuencias como a los tratamientos disponibles.

Sobre los autores:

Prof. Dr. Fabián Cremaschi.

Médico Neurocirujano. Magister en Neurociencias. Especialista en Educación Universitaria. Diplomado en Educación en la Cultura Digital. Profesor Titular del Área de Neurología Clínica y Quirúrgica del Departamento de Neurociencias de la Facultad de Ciencias Médicas, de la Universidad Nacional de Cuyo (Argentina). Coordinador Unidad de Neuromodulación, NeuroFUESMEN, Mendoza, Argentina.

Servicio de Neurocirugía, Hospital Santa Isabel de Hungría (Argentina). Presidente de la Sociedad Argentina de Neuromodulación (SANe).

Correspondencia: fabiancremaschi@gmail.com

Dr. Ángel Moreno Toledo

Psicogerontólogo, formador sociosanitario (cursos, jornadas) y escritor (autor de libros especializados y de diversos artículos científicos en revistas indexadas). Desarrolla su carrera profesional tanto en residencias, como la docencia en cursos formativos de atención especializada a enfermos de Alzheimer. Experto en Gestión y Dirección de centros geriátricos.

Es desde 2014 Creador, Director y Editor de Neurama: Revista electrónica de Psicogerontología www.neurama.es como espacio pionero en la divulgación profesional de contenidos específicos de la disciplina y el abordaje de enfermedades neurodegenerativas (Alzheimer y otras demencias). Autor de manuales como: El cuidado del enfermo de Alzheimer: formación y consejos al cuidador (2014), del exitoso Manejo de comportamientos difíciles en la enfermedad de Alzheimer (2018) y del nuevo lanzamiento Intervención y gestión de situaciones críticas en centros gerontológicos (2020).

Miembro del comité revisor internacional de la revista científica de Psicología y Educación Psicopedia Hoy con ISSN 2322-8652 (desde 2013) y fue miembro Stakeholder en SIforAGE Proyecto promovido por la Comisión Europea sobre innovación social y hábitos de vida saludables y promoción del envejecimiento activo (Grupo de intervención WP6) (2012-2016).

Dr. Juan Moisés de la Serna

Doctor en Psicología, Máster en Neurociencias y Biología del Comportamiento, y Especialista en Hipnosis Clínica, director de postgrados en TECH Universidad Tecnológica y en Universidad Europea Miguel de Cervantes; docente postgrado y director de T.F.M. en la Universidad Internacional de la Rioja y en la Universidad Internacional de Valencia.

Agradecimientos

Desde aquí mi agradecimiento a todas las personas que han compartido con sus conocimientos especializado sobre la enfermedad de Parkinson, especialmente a Dr. Alejandro Vázquez. Médico Neurocirujano. Servicio de Neurocirugía, Hospital Santa Isabel de Hungría, Mendoza, Argentina; a D. Renzo Fausti; D. Enzo Duca; D. Martín Glantz y D. Víctor Núñez. Estudiantes de Medicina del Área de Neurología Clínica y Quirúrgica, del Departamento de Neurociencias Facultad de Ciencias Médicas de la Universidad Nacional de Cuyo (Argentina).

Índice

Definiendo el Parkinson Avanzado

Dr. Juan Moisés de la Serna

Hablar de la enfermedad de Párkinson es hacerlo de una etiqueta clínica basada en la Clasificación internacional de enfermedades elaborado por la Organización Mundial de la Salud en su versión onceava (C.I.E.-11) o en el Manual Diagnóstico y Estadístico de los Trastornos Mentales elaborado por la Asociación de Psiquiatría Americana en su versión quinta (D.S.M.-V), ambos son manuales de diagnóstico en donde se especifican para cada trastorno o enfermedad cuáles son los síntomas para su detección..

En el caso concreto de la enfermedad de Párkinson, este se encuentra recogido en el CIE-11 en el apartado de Parkinsonismo, el cual pertenece a los Trastornos del Movimiento y estos a su vez a los Trastornos del Sistema Nervioso.

En el mismo se establece una distinción entre aquellos casos de la enfermedad de Párkinson que tienen o no una base genética, e igualmente lo divide en tres niveles, leve; moderado o grave atendiendo a la sintomatología.

Mientras que en el caso del D.S.M.-V la enfermedad se encuentra recogida dentro de los trastornos neurocognitivos.

A pesar de que la principal preocupación del paciente cuando recibe el diagnóstico de la enfermedad de Parkinson es sobre la evolución de la sintomatología de los movimientos musculares, tanto en cuanto a temblor se refiere como a la rigidez, va a ir acompañado de otra sintomatología menos conocida pero igualmente incapacitante en las etapas avanzadas de la enfermedad, así es frecuente padecer bradicinesia, que se traduce en una lentitud motora, sobre todo visible a la hora de caminar, pero también se va a sufrir inestabilidad, problemas al tragar o estreñimiento en fases avanzadas de la enfermedad, pero ¿qué factores influyen negativamente en la enfermedad de Parkinson?

Esto es precisamente lo que se ha tratado de investigar desde la Universidad de Cambridge junto con la Universidad de Newcastle (Inglaterra) y la Universidad de Griffith (Australia).

En el estudio participaron 226 pacientes que habían recibido recientemente el diagnóstico de la enfermedad de Parkinson, además de 99 sin dicha enfermedad que actuaron como grupo de comparación.

A todos ellos se les administró una escala estandarizada para evaluar las capacidades cognitivas a través del Mini-Mental State Examination y el Montreal Cognitive

Assessment; la calidad de vida del participante a través del Parkinsons Disease Questionnaire-39; para conocer la presencia de sintomatología depresiva se empleó el Geriatric Depression Score-15 e igualmente se llevó a cabo un análisis exploratorio de síntomas clínicos y neuropsiquiátricos a través del Cognitive Drug Research y el Cambridge Neuropsychological Test Automated Battery.

Los resultados muestran que existe una importante pérdida en los distintos índices evaluados al comparar entre los pacientes con la enfermedad de Parkinson en sus fases iniciales frente al grupo control, mostrando que el paciente además debe de enfrentarse a una serie de contratiempos añadidos a las propias de la enfermedad de Parkinson.

Igualmente, los datos indican que los pacientes con la enfermedad de Parkinson obtienen significativamente peores resultados en cuanto a calidad de vida, mostrando una mayor incidencia de trastornos de depresión mayor.

Si bien hasta ahora se han comentado los efectos de la enfermedad del Parkinson mediante temblores y dificultades en el andar o en el habla, hay que indicar que estos síntomas suelen encontrarse en las primeras fases de la enfermedad, la cual a medida que avanza va haciendo al paciente cada vez más dependiente requiriendo de una mayor atención especializada.

Cuando la enfermedad de Parkinson se encuentra en una fase avanzada es rápidamente reconocible por los temblores característicos, aunque hay que recordar que no todos los temblores que pueda experimentar una persona van a indicar que se padece una enfermedad de Parkinson.

Pero no es el único síntoma que se experimenta durante la enfermedad, ya que además va a ir acompañado de problemas del sueño, pérdida de la capacidad olfativa, dificultad para caminar o moverse, cambio de hábitos como al hablar o al escribir, o rigidez en la expresión de emociones.

Estos van a ir siendo cada vez más fácilmente detectables a medida que va avanzando la enfermedad, y agravándose los síntomas que ya existen, lo que va a tener un efecto directo sobre la calidad de vida del paciente, ya que cada vez va a ser más dependiente y va a requerir de un cuidado casi constante.

Muchas son los cambios observables, aunque hay otros de ámbito psicológico no tan evidentes, como la presencia de cambios del estado de ánimo, con predominancia de la depresión, e incluso puede presentarse en las fases más avanzadas lo que se denomina una demencia de Párkinson, donde van a producirse una serie de fallos de memoria, además de afectar al razonamiento, el lenguaje y a la manera de comportarse socialmente, todo lo cual no hace sino agravar la calidad de vida del paciente, pero hay que tener en cuenta que para poder diagnosticar esta demencia se han de descartar las alteraciones cognoscitivas atribuibles al tratamiento farmacológico antiparkinsoniano.

Por su parte, una de las mayores preocupaciones de los profesionales de la salud es conocer cómo se va a producir el avance de la enfermedad de Parkinson, la cual al tratarse de una enfermedad neurodegenerativa va a verse agravada por el mero paso del tiempo, al respecto se han desarrollado varias escalas para saber en qué estadio se hallan.

Aunque en la enfermedad de Parkinson existen síntomas evidentes como los temblores, estos deben ser evaluados para conocer en qué fase de la enfermedad se encuentran los pacientes.

De hecho, algunos profesionales en ocasiones ponen en duda la necesidad de la evaluación de los aspectos emocionales o de la percepción de la autonomía por considerarlo una consecuencia más, pero ¿son fiables las evaluaciones de la enfermedad de Parkinson?

Esto es precisamente lo que se ha tratado de averiguar con un estudio realizado conjuntamente por diversos centros de investigación de Argentina, Colombia, Chile, Cuba, Ecuador, España, Inglaterra y México.

En el estudio participaron 384 adultos con edades comprendidas entre los 22 a 91 años, diagnosticados con la enfermedad de Parkinson y sin otras psicopatologías asociadas, de los cuales el 44,5% eran mujeres.

A todos ellos se les pasaron cuatro pruebas para conocer el nivel de gravedad de la enfermedad de Párkinson, el Hoehn y Yahr Scale; el Clinical Impression of Severity Index for Parkinsons Disease; el Clinical Global Impression-Severity; el Patient Global Impression-Severity; para evaluar el nivel de independencia personal se empleó el Schwab and England Scale y el Barthel Index; para evaluar el estado emocional predominante en el paciente se empleó el Hospital Anxiety and Depression Scale; para evaluar el nivel global de salud clínica y económica se empleó el E.Q-5D.-3L; y para evaluar la presencia de síntomas de la enfermedad de Parkinson se empleó el Parkinsons Disease Questionnaire-39.

Los datos donde se analizan estas pruebas entre sí informan sobre relaciones del 0.60 entre los resultados de las pruebas de Hoehn y Yahr Scale y el Patient Global Impression-Severity; y de un 0.91 entre el Clinical Global Impression-Severity, el Patient Global Impression-Severity y el Clinical Impression of Severity Index for Parkinsons Disease que correlacionan con la presencia de síntomas depresivos y de ansiedad.

A pesar de los datos ello no permite escoger una sola de las pruebas anteriores ya que evalúan aspectos diferentes de la evolución y gravedad de la enfermedad de Parkinson.

Así los resultados muestran cómo los procedimientos estandarizados actuales son correctos, y la evaluación de la gravedad de la sintomatología debe acompañarse también de la evaluación de las vivencias emocionales y de la independencia percibida por el paciente.

De entre las diversas escalas y test disponibles anteriormente mencionadas, la más usada suele ser la escala de Estadios de Hoehn y Yahr Scale, a través de esta se puede clasificar a los pacientes en cinco fases según su sintomatología, a cada cual más grave que la anterior, de forma que en la primera se muestran síntomas leves como temblor en alguna extremidad o cambios posturales o de la marcha; mientras que en la quinta y última fase el paciente sufre con el máximo rigor los síntomas de la enfermedad de Parkinson como son la invalidez total, sin que pueda mantenerse en pie ni andar, con una total dependencia de una persona para hacerle todo.

Así y empleando la escala de Hoehn y Yahr Scale se puede clasificar la gravedad de la presencia de sintomatología en la enfermedad de Parkinson en:

- Fase 0, en donde no es evidente que haya síntomas visibles del padecimiento

- Fase 1 con temblor distal (en alguna extremidad), asociado a un solo lado.

- Fase 2 se produce temblor asociado a ambos lados, lo que se suele “compensar” por parte del paciente con cambios posturales y de la marcha.

- Fase 3 se va a presentar enlentecimiento psicomotor, en donde se empieza a ver entorpecida la marcha con problemas de equilibrio.

- Fase 4 se presentan dificultades para mantenerse en pie sin ayuda, y rigidez muscular.

Por último, en la Fase 5, que es la más grave, la afectación del paciente es tal que es incapaz de mantenerse en pie.

Teniendo en cuenta que el paso de una fase a otra no sólo consiste en un agravamiento de los síntomas, sino en la presencia de nuevos que con anterioridad no se habían presentado, hasta llevar a la persona a la pérdida de la independencia y el deterioro de la calidad de vida.

Al ser la enfermedad de Parkinson neurodegenerativa, con el tiempo los efectos se van a ir poco a poco agravando, en que se avanza desde los primeros síntomas del Estadio I, con ligeros movimientos en solo una parte del cuerpo, arrastrando un poco los pies, empezando a mostrarse los primeros síntomas de rigidez.

En el Estadio II empieza a inclinarse la persona hacia

adelante, con alteración del equilibrio y dificultades para iniciar movimientos (bradicinesia).

En la fase III y IV se complican los síntomas dificultándose el equilibrio y hasta el andar.

Hasta llegar a la última fase del Estado V, en donde la dependencia es máxima necesitando a una persona para realizar cualquier actividad de la vida cotidiana, pasando el paciente buena parte de su tiempo sentado o tumbado debido a sus temblores constantes.

El Cuidador del paciente con Párkinson Avanzado

El cuidador es aquella persona que se encarga de atender y cuidar a otra, pudiendo realizar esta actividad de manera profesional o no.

Aunque cada cuidador tiene su motivación por la cual se ha dedicado a dicha actividad, estas causas son objeto de análisis para los investigadores que tratan de explicar los motivos por los que una persona se convierte en cuidador informal de un familiar por ejemplo en los casos más graves como es en los que padecen una demencia.

Hay que tener en cuenta que las enfermedades neurodegenerativas suelen ser irreversibles, donde se va a ir perdiendo progresivamente funciones cognitivas y musculoesqueléticas que se puede producir tanto en jóvenes como en mayores.

Aunque a veces se puede llegar a confundir por parte de los familiares con un proceso "natural" de envejecimiento y, por ende, de pérdida de funciones y capacidades siguiendo una pendiente decreciente a partir de la madurez.

En el caso de la demencia, esta puede surgir por la presencia de otra enfermedad previa como la de Huntington, Esclerosis Múltiple, Parkinson, o bien provocadas por lesiones craneales, tumores cerebrales o por un consumo excesivo de alcohol.

Sea cual sea su origen, al ser un proceso degenerativo e irreversible, los familiares se plantean cómo atender al paciente, ya sea con ayuda profesional o en lo que se ha llegado a denominar el cuidado informal, esto es, una persona o varias que se turnen, se hacen cargo del cuidado y atención del paciente, normalmente a expensas de "sus propias vidas", renunciando a buena parte de su actividad social y por supuesto laboral, por un cuidado "intensivo" del paciente con demencia.

Si hasta ahora se entendía que la decisión del cuidado profesional o informal era más bien una cuestión económica, en el que la familia tras "echar cuentas" decidía si podía pagar los gastos que un cuidado profesional requiere, ya sea al ingresarlo en un centro especializado, o al personal externo cualificado que le cuide.

Un estudio realizado conjuntamente por el Centro Científico de Salud Texas A & M y la Universidad Estatal de Washington (EE. UU.).

En el estudio participaron 270 familiares de una base de datos de 1770 pacientes diagnosticados con demencia con edades de 70 o más años.

Los resultados informan que las personas casadas tienden a cuidar a sus parejas independientemente de otras cuestiones como las económicas.

Con respecto a la demografía, los hispanos y los "blancos" son los que más hacen uso del cuidador formal.

Un resultado sorprendente es que las cuestiones económicas tienen menos peso del esperado, no siendo determinante a la hora de tomar la decisión entre el cuidado formal y el informal, ya que entra en juego otros aspectos como el altruismo del familiar que se va a hacer cargo del cuidado informal del paciente con demencia.

Todo lo anterior, no hace sino dejar constancia del incremento de la atención informal por parte de familiares, sobre todo cuando existe un vínculo de matrimonio entre paciente y cuidador, así como cuando el cuidador exhibe altos niveles de altruismo.

A pesar de lo anterior el artículo cuestiona que esta tendencia al cuidado del paciente con demencia, tan propia de nuestra cultura, sea adecuada y sobre todo eficaz en comparación con el cuidado profesional.

Lo que deja en evidencia la necesidad de formar a los cuidadores, para que éstos, ya sea por una razón de cariño, altruismo o económica, puedan atender a su familiar en condiciones, sin que suponga una pérdida de atención en comparación con la que podría proporcionar un profesional.

Además de estos cursos para profesionalizar al cuidador informal, es recomendable la realización de una formación específica para familiares sobre "cuidar al cuidador", ya que se ha observado cómo el cuidado a largo plazo conlleva una merma en la salud psicológica y emocional del cuidador acompañado de cierto aislamiento social, que al final deriva en una peor calidad en la asistencia que proporciona al paciente con demencia.

En concreto, y con respecto a los cuidados de los pacientes con la enfermedad de Párkinson en fase avanzada, tal y como se ha comentado en muchas ocasiones se trata de cuidadores informales, es decir, personas con buena voluntad, pero con escasa preparación sobre cómo tratar al paciente, lo que sin duda le va a generar altos niveles de ansiedad.

Igualmente, el tener que atender a un paciente que sufre una enfermedad neurodegenerativa, como es el Párkinson, va a aumentar ese estado de ansiedad debido a la incertidumbre generada por que poco a poco se va agravando su sintomatología.

Eso añadido a que se trata normalmente de un familiar, con el que se tiene una vinculación emocional y por el que se sufre al verle en esa situación, pero ¿cuál es el impacto del Párkinson en el cuidador informal?

Esto es lo que ha tratado de responderse con una investigación realizada desde el Instituto de Neurociencia de la Universidad de Newcastle junto con el Centro de Ciencias Clínicas del Cerebro de la Universidad de Edimburgo (Inglaterra) y la Facultad de Medicina e Instituto de Salud Menzies Queensland de la Universidad Grifth (Australia).

En el estudio participaron sesenta y seis cuidadores informales, con una edad superior a los 32 años, que tenían a su cargo pacientes con la enfermedad de Párkinson, de los cuales el 81% eran mujeres.

Se realizaron tres medidas, tras el diagnóstico de Párkinson siguiendo los criterios del Queens Square Brain Bank, a los 18 y 36 meses posteriores al mismo.

Se evaluó al cuidador para detectar si mostraba síntomas depresivos a través del Hospital Anxiety and

Depression Scale; igualmente se emplearon el Neuropsychiatric Inventory y el NPI Carer Distress para ver si mostraba otros síntomas neuropsiquiátricos; por último, se evaluó el nivel de calidad de los cuidadores a través del Scale of Quality of Life of Care-Givers.

Con respecto a los pacientes se realizaron evaluaciones para conocer la gravedad de los síntomas de la enfermedad de Párkinson que padecían a través del Movement Disorder Society junto con el United Parkinsons Disease Rating Scale; también se evaluó la presencia de sintomatología depresiva mediante el Geriatric Depression Scale; la calidad de vida a través del Parkinsons Disease Questionnaire; las funciones cognitivas y visoespaciales mediante el Mini-Mental State Examination y el Montreal Cognitive Assessment; la atención mediante el Cognitive Drug Research Battery; y la memoria y el ejecutivo central a través del Cambridge Neuropsychological Test Automated Battery.

Igualmente se tomaron registro de los datos sociodemográficos, edad, género, nivel educativo tanto del paciente como del cuidador y las horas de la semana dedicadas al cuidado del paciente.

Los resultados informan que aquellos cuidadores que atienden a pacientes de Párkinson muestran significativamente unos menores niveles de calidad de vida, comparado con los cuidadores que atienden a pacientes con deterioro cognitivo leve y a personas sin problemas neurológicos de la misma edad.

Siendo el déficit de atención un predictor sobre el deterioro de la calidad de vida de los cuidadores, comparado con otras variables evaluadas.

Entre las limitaciones del estudio comentar el bajo número de participantes, y que no se realizó un análisis para determinar si había diferencias en función del género y las variables evaluadas.

Tal y como afirman los autores del estudio, y en la misma línea de lo que se había señalado, el cuidador de pacientes de Párkinson debe de recibir la atención adecuada, ya sea con formación, e incluso terapia para ayudarles a sobrellevar la tarea que deben de realizar.

No solamente para hacerlo de forma satisfactoria para con el paciente, sino para que no tenga consecuencias negativas sobre el propio cuidador, afectándole en su calidad de vida.

Algo en lo que se trabaja desde las asociaciones de apoyo al cuidador, ya que es preciso "reeducar" tanto al cuidador como a sus familiares sobre el sentimiento de culpa, pues es el que va a generar grandes tensiones familiares.

La culpa "auto impuesta", recordada constantemente por sus familiares, va a llevar al cuidador a no tener "tiempo libre" y si en algún momento lo tiene, sentirse mal por ello. De ahí que los nuevos estudios estén concediendo gran importancia a la calidad más que a la cantidad de la asistencia que recibe un paciente con una enfermedad neurodegenerativa, donde progresivamente va a ir sufriendo el deterioro de sus habilidades cognitivas y físicas.

De ahí que se les recomiende la realización de ejercicios al aire libre y al sol, además de caminar; es decir no hay que perder de vista la salud del cuidador, permitiendo que tenga sus momentos de esparcimiento, para practicar un hobby o salir con sus amistades, todo lo cual no solo no va a tener ningún efecto negativo sobre el paciente, sino todo lo contrario, ya que el cuidador se sentirá renovado en sus fuerzas y asumirá su labor con mayor entereza.

Referencias Bibliográficas

American Psychiatric Association. DSM-5, Manual diagnóstico y estadístico de los trastornos mentales. Panamericana; 2018.

Basu R, Rosenman RE. Altruism and Informal Care for Dementia. Int J Soc Sci Stud 2013;2:70–82. https://doi.org/10.11114/ijsss.v2i1.185.

Cockrell JR, Folstein MF. Mini-mental state examination. Princ Pract Geriatr Psychiatry 2002:140–1.

Cummings JL, Mega M, Gray K, Rosenberg-Thompson S, Carusi DA, Gornbein J. The neuropsychiatric inventory: Comprehensive assessment of psychopathology in dementia. Neurology 1994;44:2308–14. https://doi.org/10.1212/wnl.44.12.2308.

Cummings JL. The Neuropsychiatric Inventory-Questionnaire: Background and Administration. n.d.

Dick JP, Guiloff RJ, Stewart A, Blackstock J, Bielawska C, Paul EA, et al. Mini-mental state examination in neurological patients. J Neurol Neurosurg \& Psychiatry 1984;47:496–9.

EuroQol - a new facility for the measurement of health-related quality of life. Health Policy (New York) 1990;16:199–208. https://doi.org/10.1016/0168-8510(90)90421-9.

Fi M, Dw B. Functional evaluation: the Barthel index. Md State Med J 1965;14:5.

Gill DJ, Freshman A, Blender JA, Ravina B. The Montreal cognitive assessment as a screening tool for cognitive impairment in Parkinson's disease. Mov Disord Off J Mov Disord Soc 2008;23:1043–6.

Guy W. Clinical global impression. Assess Man Psychopharmacol 1976:217–22.

Hoehn MM, Yahr MD. Parkinsonism: Onset, progression, and mortality. Neurology 1967;17:427–42. https://doi.org/10.1212/WNL.17.5.427.

ICD-11 - Mortality and Morbidity Statistics n.d. https://icd.who.int/browse11/l-m/en (accessed December 14, 2020).

Jenkinson C, Fitzpatrick RAY, Peto VI V, Greenhall R, Hyman N. The Parkinson's Disease Questionnaire (PDQ-39): development and validation of a Parkinson's disease summary index score. Age Ageing 1997;26:353–7.

Lawson R, Yarnall A, Johnston F, Duncan G, Khoo T, Collerton D, et al. Cognitive impairment in Parkinson's disease: impact on quality of life of carers. Int J Geriatr Psychiatry 2017;32:1362–70. https://doi.org/10.1002/gps.4623.

Lawson RA, Yarnall AJ, Duncan GW, Breen DP, Khoo TK, Williams-Gray CH, et al. Cognitive decline and quality of life in incident Parkinsons disease: The role of attention. Park Relat Disord 2016;27:47–53. https://doi.org/10.1016/j.parkreldis.2016.04.009.

Litvan I, Goldman JG, Tröster AI, Schmand BA, Weintraub D, Petersen RC, et al. Diagnostic criteria for mild cognitive impairment in Parkinson's disease: Movement Disorder Society Task Force guidelines. Mov Disord 2012;27:349–56. https://doi.org/10.1002/mds.24893.

Martínez-Martín P, Rodríguez-Blázquez C, Forjaz MJ, de Pedro J, Aguilar M, Álvarez Saúco M, et al. The clinical impression of severity index for Parkinsons disease: International validation study. Mov Disord 2009;24:211–7. https://doi.org/10.1002/mds.22320.

Martínez-Martín P, Rojo-Abuin JM, Rodríguez-Violante M, Serrano-Dueñas M, Garretto N, Martínez-Castrillo JC, et al. Analysis of four scales for global severity evaluation in Parkinsons disease. Npj Park Dis 2016;2:16007. https://doi.org/10.1038/npjparkd.2016.7.

Nicholl CG, Lynch S, Kelly CA, White L, Simpson PM, Wesnes KA, et al. The cognitive drug research computerized assessment system in the evaluation of early dementia-is speed of the essence? Int J Geriatr Psychiatry 1995;10:199–206.

on Rating Scales for Parkinson's Disease MDSTF. The unified Parkinson's disease rating scale (UPDRS): status and recommendations. Mov Disord 2003;18:738–50.

Robbins TW, James M, Owen AM, Sahakian BJ, McInnes L, Rabbitt P. Cambridge Neuropsychological Test Automated Battery (CANTAB): a factor analytic study of a large sample of normal elderly volunteers. Dement Geriatr Cogn Disord 1994;5:266–81.

Schwab RS. Projection technique for evaluating surgery in Parkinsons disease. Third Symp. Park. Dis., 1969, p. 152–7.

Viktrup L, Hayes RP, Wang P, Shen W. Construct validation of patient global impression of severity (PGI-S) and improvement (PGI-I) questionnaires in the treatment of men with lower urinary tract symptoms secondary to benign prostatic hyperplasia. BMC Urol 2012;12. https://doi.org/10.1186/1471-2490-12-30.

Yesavage JA, Brink TL, Rose TL, Lum O, Huang V, Adey M, et al. Development and validation of a geriatric depression screening scale: A preliminary report. J Psychiatr Res 1982;17:37–49. https://doi.org/10.1016/0022-3956(82)90033-4.

Zigmond AS, Snaith RP. The Hospital Anxiety and Depression Scale. Acta Psychiatr Scand 1983;67:361–70. https://doi.org/10.1111/j.1600-0447.1983.tb09716.x.

Parkinson avanzado y consecuencias psicológicas y emocionales de los síntomas no-motores

Dr. Angel Moreno Toledo

El progreso de la enfermedad de Parkinson asociado a la gravedad de sus síntomas motores y no motores, promueven un importante nivel de dependencia junto al descenso de la calidad de vida. El grado de discapacidad afecta tanto a la persona con severo Parkinson como a su entorno más próximo y a la figura designada del cuidador principal.

La etapa avanzada del Parkinson, clasificada en el estadio 4-5 de la escala Hoehn y Yahr, identifica un periodo marcado por diferentes problemas de salud, una movilidad muy limitada (debiendo asistencia para las transferencias o movimientos en el hogar) así como marcados problemas a nivel motor y cognitivo. La tolerancia con el paso del tiempo a la Levodopa hace que pierda su eficacia. Son pronunciados los síntomas motores y no motores en los afectados.

La incidencia (progresiva) de trastornos de memoria – deterioro cognitivo y trabas mentales –junto a trastornos neuropsiquiátricos comunes – psicosis, depresión, demencia, trastornos del sueño – además de otras afecciones médicas, marca significativamente la etapa final en esta condición. Entre las complicaciones más angustiantes en etapa avanzada encontramos los trastornos cognitivos y psiquiátricos. Es determinante, valorar el origen de la sintomatología adversa (si proceden de efectos colaterales farmacológicos o bien explicados por la progresión de la enfermedad). Es por ello por lo que, terapéuticamente, se le debe conceder mayor importancia a las complicaciones no motoras dadas las notorias consecuencias en la sobrecarga del cuidador y en la disminución de la calidad de vida del afectado. Su incidencia es bastante alta (al menos 50 % de los pacientes los manifestarán), siendo muy significativo el deterioro al que se exponen y a la inactividad cada vez mayor del efecto farmacológico.

Aparecen substanciales episodios de psicosis y riesgo de caídas. Suelen aparecer tarde en los afectados, a menudo debido a un proceso de demencia subyacente o provocados por el consumo de fármacos prescritos contra la enfermedad de Parkinson. La incidencia de psicosis y demencia aumenta dramáticamente la probabilidad de ingreso institucional y eleva sobremanera el riesgo de mortalidad.

El deterioro global causado por el avance de los síntomas motores principales y la presencia de depresión endógena (aquella causada por cambios químicos y físicos en áreas cerebrales comprometidas con el control anímico y el movimiento), agravan la enfermedad en sus últimos estadios de afectación.

Los síntomas depresivos informados por los pacientes a lo largo del proceso crónico de la enfermedad, a los cuales, suelen concederse menor relevancia que a toda la paradigmática sintomatología motora, provocan la incapacitación, la pérdida del manejo habitual en actividades de la vida cotidiana, así como redunda en una menor calidad de vida.

La pérdida de capacidades, eventos vitales estresantes, la situación familiar particular, las comorbilidades psiquiátricas, el advenimiento a fases avanzadas de la enfermedad, así como la gravedad sintomática, subyacen a un entramado complejo que gesta un disturbio anímico común en la enfermedad de Parkinson, siendo documentada e informada en la gran mayoría de los casos (35-90%). Es de esta manera que, la ansiedad y depresión son tratadas a menudo mediante antidepresivos. Existe aún un largo camino por recorrer a nivel terapéutico para hallar más y mejores tratamientos a la condición anímica.

Esta depresión de origen químico es más resistente y acompaña al paciente desde el inicio hasta el final de la enfermedad. Estos problemáticos disturbios anímicos pueden tener un considerable impacto en la vida cotidiana y llega a considerarse una afección generalizada en esta enfermedad y de características heterogéneas en cada individuo. Se caracteriza por una depresión de larga duración que causa una marcada desesperanza sobre el futuro, apatía, pesimismo y baja motivación y disfrute. Esta condición afectiva puede provocar la alteración del apetito en la ingesta. Cambios de peso y sentimientos de inutilidad, desesperanza y soledad.

Unida a la depresión, la apatía siendo del mismo modo de mecanismo químico (vinculada al descenso en los niveles de dopamina cerebral), provoca en el paciente fatiga y desinterés o indiferencia en la ocupación.

Este déficit dopaminérgico presente en ambos fenómenos anímicos, de naturaleza progresiva, se une al impacto ocasionado por las manifestaciones físicas significativas de la enfermedad.

Además de la esfera emocional, los síntomas no motores preocupantes en esta etapa continúan su escalada hacia la gravedad. Trastornos del sueño, alteraciones autonómicas o el dolor acusado junto a la disfunción cognitiva confieren un gradual deterioro que socaba la calidad de vida y aumenta sobremanera el nivel de dependencia e incapacidad.

Estos síntomas son clave para determinar la severidad de la condición, del mismo modo, a nivel psicológico y emocional aparecen como factores terminantes significativos de los sentimientos de culpabilidad y los pensamientos suicidas posteriores. Desde el inicio de la enfermedad, es crucial tratar los síntomas depresivos (mediante psicoterapia y fármacos) para la mejora de la calidad de vida y el asesoramiento informativo durante el transcurso de la enfermedad.

El dolor crónico es un síntoma no motor incidente en etapas severas, difícil de abordar, clarificar e informar. Es incapacitante e interfiere de manera importante con el manejo de las emociones. Corresponde a un síntoma corporal que puede influir categóricamente en el bienestar psicológico. Suele desarrollarse y agravarse con el transcurso del tiempo, exasperado por complicaciones motoras y síntomas de la esfera anímica u otras afecciones médicas concomitantes.

Los problemas musculoesqueléticos suelen ser frecuentes entre las dolencias manifiestas por el paciente de Parkinson. Desafortunadamente es muy común (40-75% de los casos) y asociado predominantemente a la enfermedad.

La incidencia de este tipo de problemas físicos es determinante con el avance de la enfermedad (estipulando disfunciones y síndrome musculares variados). En etapas severas del Parkinson, el dolor acontece como un síntoma común y heterogéneo (diferentes tipos y naturaleza), que reviste gravedad siendo además resistente al tratamiento. De esta forma, es un factor contribuyente para el desarrollo de síntomas depresivos y ansiosos, asociados al malestar y a las quejas subjetivas de dolor crónico. Es de esperar, que la gravedad de la sintomatología repercute claramente en otros síntomas motores observados, tales como trastornos del sueño, fatigabilidad, depresión y somnolencia diurna.

El padecimiento de dolor está asociado a sintomatología ansiosa y depresiva y es atribuible a causa primaria o secundaria.

Las alteraciones del sueño son un trastorno generalizado que afecta a la totalidad de los pacientes en etapas avanzadas de la enfermedad. Actividad nocturna y sueños vívidos y angustiantes con alteraciones motoras y conductuales (golpear, gritar, agarrar) además de sueño fragmentado, trastornos del sueño REM, alteración y disturbio del ciclo vigilia-sueño, así como una constante y prominente somnolencia diurna.

Problemas de memoria y procesamiento: la probabilidad de deterioro cognitivo

La demencia acontece como la pérdida gradual de funciones mentales junto a problemas de memoria, concentración, pensamiento y procesamiento, que han sido registrados en otras afecciones como el Alzheimer, los Cuerpos de Lewy y las demencias frontotemporal y vascular. De la misma manera también se encuentra presente en la enfermedad de Parkinson.

El deterioro comienza de forma gradual y progresiva, insidiosa – va paulatinamente instaurándose y minando la ejecución en las actividades cotidianas de la vida diaria en personas afectadas – siendo muy frecuentemente observadas por el entorno más próximo al paciente o incluso padecidas por el mismo. Con el avance de la enfermedad de Parkinson, el paciente puede llegar a experimentar serias dificultades de atención sostenida, fluidez y memoria. Si el deterioro se inicia al comienzo de la enfermedad, es posible que esté padeciendo una limitación previa a la demencia, denominada habitualmente deterioro cognitivo leve (bajo las siglas DCL), común en algunos casos leves o iniciales.

La incidencia del déficit cognitivo se integra en la vida del individuo en fase temprana y afecta a áreas disímiles del procesamiento y la memoria. En concreto, se han observado déficits heterogéneos que implican la afectación de la memoria de trabajo, la implícita y la procedimental, siendo también, de la misma forma significativas las limitaciones en el reconocimiento de objetos y labilidad atencional.

La valoración neuropsicológica adolece de una carencia de criterios diagnósticos uniformes en la enfermedad de Parkinson, con lo que las pruebas diagnósticas deben considerar la valoración multidominio. De este modo, se registra la ejecución del paciente en lenguaje, memoria verbal (en recuerdo libre), atención, reconocimiento visual, razonamiento abstracto y habilidades visuoespaciales. Por ello, para determinar con garantías un diagnóstico, es recomendable organizar además evidencia en torno a biomarcadores (b. genéticos, neuroimagen y LCR) para completar los resultados de las pruebas de las pruebas neuropsicológicas.

La particularidad del deterioro cognitivo informado por pacientes afectados por enfermedad de Parkinson es asociada con una demencia que causa deterioro funcional y motor más rápido, junto a un aumento de la mortalidad. Otra particularidad interesante apunta que la demencia se instaura en un desarrollo posterior de diez años de diagnóstico de la enfermedad de Parkinson.

Aproximadamente un 60-80 % de los afectados desarrollan algún grado de deterioro cognitivo siendo una afectación significativa de razonamiento, lenguaje, memoria o percepción. Éstos pueden ser fluctuantes y más incidentes en aquellos pacientes en los cuales se ha manifestado la bradicinesia y la rigidez más pronunciadas.

De igual modo, otra de las singularidades delimitadas en torno al déficit cognitivo son los déficits en la velocidad del procesamiento de la información. El rendimiento en las tareas estandarizadas al afectado con Parkinson suele ser lento en cuanto a procesamiento que los grupos de sujetos control. La explicación a esta limitación puede estar en una capacidad de almacenamiento reducida y una incapacidad para inhibir o desechar la atención a estímulos irrelevantes. Del mismo modo, el deterioro de la función del recuerdo y memoria está considerablemente asociado al reconocimiento y a la velocidad del procesamiento. Este envejecimiento cognitivo también está asociado a la pérdida dopaminérgica y con el deterioro global de materia blanca. En cualquier caso, desde el punto de vista dual de las intervenciones en funciones cognitivas, cobra especial relevancia las prestaciones de la estimulación cognitiva y la aplicación de la terapia de reemplazo de dopamina (enfoques no-farmacológico y farmacológico, respectivamente).

La naturaleza del deterioro cognitivo característico del Parkinson puede estar asociado a fluctuaciones, concentración reducida, alucinaciones y delirios, enlentecimiento cognitivo, dificultades en la MCP y disturbios en la arquitectura del sueño. Es importante destacar que la demencia observada en Parkinson difiere significativamente del deterioro manifiesto por la demencia tipo Alzheimer. En Parkinson, el deterioro de las funciones de la memoria es menos grave que el del Alzheimer, siendo su afectación no comprometida a la ejecución correcta en las actividades de la vida diaria.

Se constata que la disfunción cognitiva y el padecimiento de demencia pueden tener una consecuencia negativa e impacto en la calidad de vida de cuidadores y afectados.

En etapas avanzadas y en personas con Parkinson de larga duración (unos veinte años), el padecimiento de demencia es inevitable y demuestra la gran amplitud de casos registrados en la investigación (en torno a un 80%).

Este deterioro es inevitable y gradual y merma la capacidad del individuo de vivir de forma independiente. Su naturaleza insidiosa afecta al paciente en las esferas conductual y funcional, constituyendo un serio desafío tanto para él mismo como para la familia.

Para analizar los factores que pueden determinar su incidencia, es necesario destacar que la probabilidad aumenta en función de la edad (a partir de los cincuenta años), puede del mismo modo explicarse por la adhesión de depósitos anómalos a nivel cerebral (Lewy o placas), cambios en la química y estructura cerebral, episodios adversos (caídas, mala respuesta al tratamiento, diagnóstico tardío o familiar) o la incidencia de alucinaciones, delirios o síntomas no motores.

La experiencia del cuidador del enfermo de Parkinson enfrentado al deterioro cognitivo de su familiar correlaciona con devastadoras reacciones de estrés, ansiedad, depresión y habitualmente también, descuido del autocuidado.

El deterioro cognitivo supone una seria amenaza al bienestar, así como incrementa el estrés percibido y la insatisfacción por el aumento de tareas a realizar. Cuidadores informales afirman que es más arduo afrontar la pérdida cognitiva que las causadas por las limitaciones físicas. De esta manera, ocurre normalmente el duelo anticipado tras avistar al ser querido como una persona desemejante (la imagen anterior ya no es representativa), mermada y limitada cuya personalidad se ha desvanecido y ha sido sustituida por la dependencia y la fragilidad. Es decir, la imagen actual del ser querido dista de la anterior de sí mismo y su identidad social y personalidad ya no son congruentes con el estado mental y físico que presenta con el deterioro cognitivo.

Cuidadores y manejo de la enfermedad

A medida que progresa la enfermedad, las características del cuidado y las necesidades se vuelven cada vez más complejas. La asistencia constante del cuidador es una ayuda necesaria e indiscutible en el advenimiento de la etapa final. Es pues por ello que, llegada la etapa tardía, el progreso de la enfermedad debe basarse plenamente en el manejo y gestión de esta, teniendo el cuidador una relevancia especial en este proceso final.

Los cuidados paliativos se erigen como la mejor opción del cuidado y del entorno para propiciar el bienestar del paciente. Es por ello, que actualizar los anteriores esquemas de cuidado es una cuestión prioritaria y procedente para posibilitar el apoyo y la comodidad del afectado. La atención sostenida cobra importancia a medida que progresa el deterioro. La asistencia continuada todo el día es una necesidad en la atención en etapas finales de la enfermedad de Parkinson. Entre las atenciones ejercidas por el cuidador en este periodo destacan: la administración de medicación (control, dosis, verificación de tomas, evitar olvidos y retroalimentación médica), asistencia en la movilidad por el hogar, ayudas técnicas y dispositivos de asistencia (en alimentación, aseo, vestido), facilitar comunicación y toma de decisiones personales (siguiendo creencias y preferencias, alentar conversaciones, lenguaje no-verbal) y tomar posesión en la gestión de asuntos financieros (movimientos bancarios, inversiones, credenciales de acceso a documentos, recibos y seguros, así como la gestión de pagos regulares). Los consentimientos médicos para la toma de decisiones en tratamientos avanzados e intervenciones institucionales (especificación de determinados procedimientos, decisiones futuras y declaración de derechos).

Los servicios de rehabilitación, orientación y apoyo a familias pretenden ser un enfoque ideal en torno al que diseñar una intervención. En cuanto al abordaje de los múltiples problemas mencionados, la depresión comprende uno de los trastornos más importantes a remediar en la etapa severa. El cuidador constituye un eslabón entre el clínico y el paciente para desentrañar la naturaleza de la depresión. Siendo además circunscrito en esta alteración la ansiedad (66%), que es a menudo asociada con la irritabilidad y los periodos de inactividad.

La persona responsable del cuidado y la atención deberá afrontar numerosos problemas médicos en el transcurso de esta etapa tardía (entre ellos, la desnutrición, disfagia, discinesias, delirios y alucinaciones, hipotensión ortostática y riesgo de caídas, problemas urinarios y la deshidratación).

Llegada la etapa terminal de la enfermedad, el enfoque de cuidado debe virar hacia los cuidados paliativos. Un enfoque global y holístico, que aúne la intervención médica con el apoyo familiar, la dignidad, la emotividad y el culto espiritual. De igual manera potenciar la atención y aliviar la sobrecarga con cuidador/es adicional/es. Es importante que además de mantener la calidad de vida se continúe preservando la autonomía y la toma de decisiones del paciente.

A medida que la gravedad de la condición y los síntomas (motores y no motores) revisten gravedad y el cuidado del hogar queda rebasado por su complejidad y severidad, es el momento de sopesar la institucionalización.

El impacto del cuidado es una expectativa que asume en gran medida la trayectoria del cuidado, las relaciones interpersonales, las complicaciones añadidas, la evaluación de la carga subjetiva y la tensión física, psicológica y emocional. El aumento de la sobrecarga queda supeditada lógicamente a la duración del cuidado, la problemática creciente, la salud física y la discapacidad del paciente. El burnout es observado con frecuencia en cuidadores en etapas severas y obedece al aumento de las demandas del cuidado y afectan potencialmente a su salud física, a su esfera interpersonal y a la anímica.

En la dinámica del cuidado, influyen especialmente una serie de factores como el género, la edad, el lugar de vivienda, gravedad y estadio de progresión de la enfermedad, así como la satisfacción percibida con la labor de cuidado. El nivel de dependencia y la necesidad de ayuda para el desarrollo de las AVD contribuyen a incrementar el nivel de sobrecarga y con ello, la valoración negativa de la labor sostenida.

Es importante en el rol de cuidador que éste se encuentre asistido y pueda buscar apoyo a través de la comunidad o de los grupos de apoyo especializados disponibles en las asociaciones. Se recomienda a los cuidadores y a los miembros del núcleo familiar implicados, la asistencia a reuniones de grupos organizados regularmente por entidades especializadas de apoyo al Parkinson. En éstos, encontrarán complicidad, la experiencia, la energía y las enseñanzas brindadas por los profesionales y por otros cuidadores experimentados.

Entre los temas a trabajar sería la identificación y gestión de emociones, aprendizaje monográfico de actuación en determinadas situaciones, la gestión y aceptación de apoyos externos, exposición de recomendaciones y consejos ante circunstancias puntuales y aprender a equilibrar la labor sostenida con un momento de descanso, estableciendo relaciones enriquecedoras con otros en la misma situación, generando otras perspectivas y nociones útiles en esta etapa final. La gestión del duelo y el consuelo del apoyo mutuo, serán, sin duda, puntales cruciales para el viaje posterior. La planificación del duelo cercano y el sostén emocional para lidiar con la sensación de pérdida.

Entre otros problemas anexos que precisan especial atención y monitorización figuran: la pérdida de peso, fluctuaciones motoras, atragantamientos, hipotensión, caídas, demencia y alucinaciones, así como la incidencia de UPP.

El cuidador, de este modo, necesita asesoramiento en pautas de manejo y directrices en esta última etapa, el alivio psicológico de la tensión y el dolor emocional amplifica la comunicación con su entorno próximo y el entramado profesional, así como coordinar los servicios, servirse de ayuda en la toma de decisiones y encontrar apoyo.

La experiencia del cuidador es otro factor determinante para enfrentar el nivel de sobrecarga percibida. La edad y el estado anímico, así como el número de apoyos dentro del hogar (informales) como fuera del mismo, a nivel institucional o profesional (formales) comprenden otra serie de factores cruciales en el desarrollo y juicio de la experiencia asistencial.

El impacto psicológico de la última etapa tiene profundas implicaciones en el bienestar del individuo, ya que la gravedad del deterioro y la ayuda cada vez más especializada complican adicionalmente el cuidado en esta etapa. El cuidador principal no debe descuidar sus necesidades ni desintegrar su red social. Es primordial prestar atención a sus propias necesidades físicas y mentales, así como buscar momentos de descanso y relajación, para recuperar energía y alejarse momentáneamente de las arduas responsabilidades del cuidado.

Estas medidas son cruciales para evitar el agotamiento del cuidador. La persona designada para el cuidado prolongado de la persona con Parkinson se adentra en la etapa final tras una larga trayectoria en la que la experiencia, los conocimientos y la pericia le han instruido y capacitado para el afrontamiento de una fase final, cuyos esquemas de cuidado son rebasados por nuevas expectativas y enfoques totalmente nuevos del cuidar. En este caso, la atención debe ser personalizada y flexible, muy orientada – lógicamente- al control de síntomas, al manejo de la enfermedad y al cumplimiento de deseos y directrices marcadas en el pasado. La consideración de apoyos tanto internos como externos será de utilidad, de la misma manera anteriormente en el proceso, en este tramo final. Es importante también, considerar la asistencia a GAM o a programas de educación para cuidadores en los cuales, la instrucción en cada una de las características de la enfermedad puede potenciar sus habilidades, promover nuevos apoyos y encontrar fuentes de información certeras en las que resolver todas sus dudas.

Cuidadores más informados ejercerán mejor su rol, minimizando la sensación de carga subjetiva y alentarán su propia salud personal y su esfera social. La obligatoriedad o imposición del cuidado correlaciona directamente con ansiedad, estrés, abandono, sobrecarga percibida y desinterés. Los trastornos de la esfera anímica y la pobre ejecución en AVD se asocian asimismo con este factor observable. La elevada tensión percibida en el transcurso del cuidado se encuentra asociadas, por lo general, a condiciones de dependencia y alta discapacidad (entre ellas, los trastornos cognitivos y conductuales asociados) así como los años de desempeño del cuidado, el nivel de experiencia y el nivel educativo.

El agotamiento del cuidador puede ser categorizado (siguiendo la popular escala de Zarit) como multidimensional, siendo éste concebido desde varias extensiones o áreas de afectación: emocional, social, física, financiera y espiritual. Es significativo el estado del afectado para inquirir más aún el estado de burnout. Los problemas motores y psicológicos, así como los disturbios del sueño y anímicos, suponen factores de peso para considerar la carga autopercibida.

Es crucial, de esta manera, identificar estas fuentes de estrés y tratar la salud mental y la construcción de apoyos del cuidador principal, sintiéndose debidamente asistido a lo largo de todo el proceso. Estos aspectos determinan, sin duda, la severidad del agotamiento en la trayectoria del cuidado. A menudo, cuidadores rebasados en esta última etapa informan de una alta carga percibida, así como un grado creciente de quejas somáticas y anímicas graves, tensión psicológica y falta de apoyos en la ejecución.

El rol crítico de los acompañantes secundarios o cuidadores suplementarios en el hogar, brindan una mayor calidad y sostenibilidad a la labor desempeñada y alientan una atmósfera positiva junto a un incremento de la sensación de apoyo en este ámbito. La gestión emocional comprende – sin lugar a duda- un paso decisivo para abordar esta importante etapa. La angustia, la depresión, la desesperanza, el miedo y la negación y la sensación constante de pérdida acechan incesantemente al cuidador principal siendo cada una de ellas, un cúmulo de insatisfacción que afecta determinadamente a la calidad de los cuidados y quebranta la salud física y mental del cuidador.

El miedo y la negación son emociones comunes siendo universales y experimentadas por todo cuidador en estas circunstancias. Confrontar, dialogar y tratar adecuadamente estas emociones ayudará a superar estas difíciles alteraciones anímicas recientes y redundará en unas expectativas y actuaciones sanas durante esta etapa.

Tras años desempeñando esta colosal labor, el cuidador desarrolla la creencia de omnipotencia con respecto al cuidado del afectado. Esta creencia lo lleva a la dedicación exclusiva, al rechazo sistemático de ayuda externa y como consecuencia, al padecimiento de reacciones de estrés y sobrecarga psicológica y emocional.

El impacto psicológico generado en el cuidado ocasiona frecuentes problemas médicos, emergiendo con asiduidad el conflicto familiar, pérdida de apoyos y aislamiento social. La pérdida de autonomía del afectado agrava esta situación. El avance de la condición dificulta las actividades rutinarias, siendo cada vez más espinosas. La comunicación, la seguridad personal y la carga de tareas (cantidad). De este modo, el nivel de las exigencias va incrementando el nivel de implicación personal junto a la mayor necesidad de recursos. Las modificaciones en la calidad de vida relativas al proceso son realmente percibidas mejor por el proveedor de los cuidados que por el paciente, debido al creciente progreso de la enfermedad y al deterioro cognitivo. De igual modo, la pericia del cuidador demanda la capacidad de controlar y establecer un entorno organizado y apacible junto a un equilibrio de la sobrecarga (ecuánime con la ayuda profesional y la informal) para, de este modo, sostener esta situación en el tiempo.

Las limitaciones en el cuidado vienen representadas por el aislamiento, el desajuste de expectativas, la inexperiencia y el rechazo sistemático a la ayuda externa. Sin embargo, las fortalezas, establecen una disposición y grado adecuado de apoyos, la consejería y la ayuda profesional, una evaluación positiva del nivel de carga percibido, así como el establecimiento de relaciones interpersonales que concluyan el sentimiento de aislamiento percibido. Lamentablemente, la ponderación de factores suele exceder las contingencias del cuidado con una valoración global negativa, en la cual, los costes del cuidado son significativamente mayores que las recompensas o la satisfacción de este.

A nivel psicológico constituye una labor dificultosa, de la cuales suelen exhibir sintomatología colateral (depresión, ansiedad, consumo de fármacos, así como sentimientos de angustia y culpa).

El impacto familiar del mismo modo es considerable como un predictor fiable de sobrecarga. Las consecuencias físicas, psicológicas y económicas del cuidado y la enfermedad pueden fragmentar la convivencia y promueven un factor desencadenante en la vulnerabilidad del cuidador ante su rol. Desentrañando al perfil cuidador, específica literatura esclarece que existen determinados componentes de personalidad que configuran la predisposición o la incapacidad para involucrarse activamente en la labor del cuidado prolongado. El neuroticismo y un patrón vulnerable a la depresión y la ansiedad se asocian con una calidad de vida deficiente. En contraposición, la extraversión representa un factor concluyente con una predisposición positiva y una calidad de vida aceptable. Es por ello, que las variables de personalidad han recibido tratamiento desde la investigación en el escrutinio de factores incidentes en la experiencia del cuidado en la EP.

El cuidado informal a menudo desempeñado o designado en un miembro próximo del sistema familiar (cónyuge, hijos/as). La responsabilidad del cuidado con frecuencia recae sobre una sola persona – el cuidador principal, siendo auxiliado por el entorno en las labores y asistencia cotidianas.

En etapas finales existen situaciones en las que el cuidador puede encontrar mayor dificultad en su labor, como, por ejemplo:

*** El empeoramiento significativo del deterioro cognitivo y la movilidad del paciente.**

La enfermedad de Parkinson afecta a la movilidad y al equilibrio, el riesgo de la caída puede suponer una serie de daños de gravedad físicos, problemas médicos y el aumento del nivel de dependencia y como resultado, del aumento de los recursos asistenciales.

El deterioro del equilibrio se torna mucho más incidente a medida que evoluciona la enfermedad. Es más, el deterioro cognitivo junto a los problemas atencionales puede afectar al control del equilibrio y la movilidad. Estas disfunciones tienen un significativo impacto en la vida del paciente.

*** Manejo oportuno y adherencia correcta a la medicación parkinsoniana.**

En cuanto a la medicación, las características de la enfermedad vinculadas a su progreso deterioran gradualmente la transmisión dopaminérgica causando una reducción dramática de la ventana terapéutica y la correspondiente gravedad de síntomas motores asociados. Este desajuste provoca consecuencias a niveles: motor, sensorial, autonómico y psiquiátrico. Por ello, es importante ilustrar en un adecuado manejo y adherencia al tratamiento. En etapas avanzadas, la administración debe ser realizada por un cuidador o profesional externo. Hay que enfatizar que las consecuencias de la falta de adherencia o los fallos en la administración son sustanciales y merecen un cuidado y atención pormenorizados.

A nivel farmacológico, es muy reseñable la respuesta reducida a los medicamentos para la condición, restándoles efectividad con el transcurso del tiempo, lo que puede acarrear la reaparición de síntomas físicos y dolores. Destacar las dificultades severas de la enfermedad que pueden provocar problemas de equilibrio y movilidad, dificultades para tragar, rigidez, babeo, riesgo de aparición de úlceras por presión y confusión.

*** Las alteraciones del estado anímico como la depresión, la apatía y la ansiedad.**

Los trastornos de ansiedad se sitúan con una frecuencia del 40% en una clara incidencia junto a los trastornos depresivos. La ansiedad puede causar un deterioro significativo de los síntomas parkinsonianos y un marcado deterioro físico y cognitivo. De la misma forma, también se ha cuantificado como una respuesta psicológica a los síntomas físicos. En muchos casos, la ansiedad y la depresión pueden coexistir (comorbilidad).

*** Impacto psicosocial del estigma.**

La estigmatización en el afectado se encuentra asociada al aislamiento, depresión y vergüenza. La exposición social a vivir con la cronicidad de la enfermedad de Parkinson durante muchos años influye en la identidad, valoración subjetiva y estigma del individuo. Es muy común, siguiendo gran número de investigaciones al respecto, que el afectado internaliza los aspectos negativos de lo que significa esta enfermedad, así como la discapacidad asociada a ésta y el rechazo social consecuente. De la misma forma, esta internalización provoca una serie de ideas y sentimientos deletéreos de incapacidad, llegando pues, a un marcado juicio subjetivo de experimentarse como una carga. Por tanto, a nivel interpersonal la falta de comprensión generalizada o la incomodidad suscitada a la enfermedad ocasionan una ruptura o deterioro de los lazos sociales. Es recomendable, por tanto, la asistencia a entornos comprensivos y terapéuticos, en los cuáles se promueva un acercamiento social entre los afectados, profesionales y familiares.

*** El impacto de la incontinencia, la demencia, disfagia y el insomnio.**

Los problemas de incontinencia conllevan un impacto significativo en la calidad de vida de los pacientes y cuidadores. Del mismo modo, puede afectar con una mala calidad del sueño, con el aumento de caídas y la institucionalización. En pacientes afectados de Parkinson, los problemas de vejiga se deben a fluctuaciones en los niveles de dopamina que afectan a los nervios y músculos de ésta.

Las disfunciones en el almacenamiento y los síntomas de la micción son una consecuencia habitual en etapas avanzadas de la enfermedad: la urgencia y fragmentación del sueño. Se sitúa una prevalencia de este problema en torno al 40-70% de los casos, su gravedad correlaciona directamente con la progresión de la enfermedad y en consecuencia con otras manifestaciones de disfunción anatómica.

En cuanto a la demencia, se sitúan unas tasas de prevalencia en torno al 28-44%. La originada en la enfermedad de Parkinson comparte varios cambios subyacentes y sintomatología con el subtipo de Lewy. En este caso, la demencia en Parkinson acaece en un curso avanzado de la enfermedad. No todos los afectados la desarrollarán y es imposible predecir qué pacientes la padecerán con el avance del proceso neurodegenerativo.

La disfagia es una consecuencia de la etapa severa, cuyo riesgo induce la probabilidad de neumonía por aspiración y llevar a la muerte. La dificultad en la alimentación y la deglución, constituyen la incapacidad para realizar de forma rápida y coordinada los movimientos implicados en dicho proceso. Representa un riesgo fundamentalmente alto en estos pacientes (en torno a un 80%). Es más incidente en etapas finales y a consecuencia también del padecimiento de demencia. La EP unida al deterioro cognitivo, la fragilidad y el agotamiento de la musculatura orofaríngea, correlaciona con un abordaje de la disfagia dificultoso. Esta disfunción puede implicar una serie de problemas colaterales de gravedad (desnutrición, neumonía por aspiración, asfixia, complicaciones relativas al tratamiento por sonda nasogástrica).

El insomnio también se ha informado como una de las consecuencias más significativas del avance del deterioro. La neurodegeneración afecta irremediablemente a estructuras cerebrales responsables de la regulación de los ritmos noche / día. Es por ello, que las alteraciones del sueño son uno de los síntomas más frecuentes y perjudiciales, apareciendo ya - incluso- en etapas leves de la enfermedad.

Se ha constatado que los disturbios circadianos, conllevan una afectación en las funciones de la vejiga y en la producción de orina. Es además considerable que las patologías urológicas halladas en consecuencia pueden contribuir al daño de funciones sobre la capacidad de la vejiga durante la noche. Las alteraciones del sueño manifestadas durante la gravedad de la enfermedad componen insomnio, síndrome de las piernas inquietas, inquietud o actividad nocturna, despertares frecuentes y correlativamente somnolencia diurna.

*** Crecientes demandas del cuidado**

El cuidador y su núcleo familiar soportan una alta carga psicológica, física y socioeconómica. Esta situación conduce al agotamiento y al bajo rendimiento y predice la llegada de trastornos anímicos. La consecuencia final puede derivar en una institucionalización prematura de la persona con Parkinson.

Se trata de un cuidado sostenido y prolongado en el tiempo cuyas implicaciones en esta etapa implican un serio desafío para las personas encargadas de la atención sostenida. Además de los generalizados problemas que suelen amenazar a la salud del cuidador, los problemas médicos, la alimentación y escasez de apoyos, así como la prolongación en el tiempo de su labor oscurece la situación. El impacto psicosocial de la labor encomendada crea la necesidad de obtener educación y formación específica sobre el abordaje de la enfermedad y posibilitar, de este modo, una intervención sólida desde el hogar en el transcurso del tiempo en que esta sea posible.

Desde la gravedad del paciente, se hace necesaria una demanda de recursos y asistencias para brindar una adecuada atención. En los casos en que el deterioro cognitivo es más severo, existe alta dependencia y la carga relativa a la sintomatología adversa es mayor. El ingreso en una institución de cuidado constituye una opción a considerar.

Involucrar al núcleo familiar y respetar la autonomía y la elección previa del paciente es crucial, así como seguir un enfoque de intervención integral (incluida la asistencia y atención personalizada, el apoyo psicosocial, el manejo de los síntomas y la atención espiritual). En el hogar, la orientación profesional a cuidadores pasa por considerar un apoyo educativo y emocional, promover la resolución y gestión de problemas, la adaptación del hogar y la planificación de la atención futura.

De los predictores que auguran una expectativa sombría, consideran la incidencia de demencia, los episodios de caídas, la disfagia o una peor respuesta a la levodopa.

*** Problemas graves de comunicación.**

Es importante proveer al paciente de servicios especializados prestados por profesionales, como los logopedas cualificados en la atención específica de problemas del habla y del lenguaje. Sin embargo, aunque relevante, no debe ser la única intervención útil en estos casos, ya que la asistencia debe llevarse a cabo mediante un equipo de atención multidisciplinar para garantizar la continuidad de la atención y una cobertura adecuada.

La comunicación en esta última etapa debe estar adaptada, simplificada y auxiliada de señales tales como recursos provenientes del lenguaje no-verbal (expresiones faciales, claves contextuales, signos).

*** Incapacidad para realizar las actividades de la vida diaria sin ayuda.**

El nivel de dependencia acrecienta las demandas del cuidado, dificultando cada día más la interacción y dinámica del afectado en su entorno.

Las caídas (40-90%), son muy comunes en la enfermedad y son predictores de hospitalización, convalecencia y múltiples lesiones asociadas. La interferencia y el factor de riesgo que suponen en las actividades diarias y la vida cotidiana respectivamente son muy elevados. Existen, además riesgos asociados específicos de la condición que aumentan esta probabilidad. Entre ellos la inestabilidad postural, el deterioro cognitivo, el fenómeno de freezing, los cambios de postura, efectos colaterales de la medicación prescrita, estados depresivos y problemas acusados en la marcha y el equilibrio.

Otro de los factores que hay que considerar en esta situación es la caída recurrente (15%) y el miedo psicológico a la caída (más frecuente, 85%) respectivamente, representan la alta probabilidad de caída en un espacio determinado y el miedo psicológico originado por una caída anterior que puede determinar las sucesivas. Las consecuencias son una menor interacción con el entorno, minimización de las intenciones de desplazamiento y una actividad reducida significativa. Todas son susceptibles de causar en el individuo el aislamiento social.

El aumento en las limitaciones para el desarrollo de las AVD junto a las mermas físicas y mentales promueve un impacto mayor de la enfermedad. El avance del deterioro quebranta consigo las dimensiones emocionales, físicas, cognitivas y comunicativas.

La polimedicación puede estar detrás del fenómeno de la caída, cuando los tratamientos están compuestos por varios fármacos debido a las interacciones medicamentosas. Estos efectos adversos deben ser conocidos por el profesional o el cuidador domiciliario.

*** Aislamiento social**

En esta etapa avanzada junto a limitaciones médicas y orgánicas, el afectado se muestra severamente retraído a nivel social. Los efectos emocionales del impacto de la enfermedad afectan al estrés del cuidador y a la dinámica del hogar.

La enfermedad de Parkinson puede afectar de manera acusada al estilo de vida de la persona y causar el temido aislamiento social. Investigaciones destacan este problema en uno de cada dos afectados. El impacto cotidiano es altamente significativo, la persona que padece la enfermedad deja su trabajo (una de cada cinco personas es diagnosticada en edad laboral) y dedica, por tanto, menor tiempo a sus relaciones sociales y suelen sentirse comúnmente socialmente aislados. La asistencia en esta etapa severa es global a cargo de un cuidador (24 horas al día) y tiene como objetivo fundamental ayudar al paciente en las AVD y a minimizar el riesgo de caídas en el entorno. Cada una de las actividades diarias se vuelve un reto y constituye una labor desafiante para la persona.

El deterioro progresivo incapacita al afectado en la movilidad y en consecuencia a su desenvolvimiento social, sin olvidar el estigma, siempre presente, que acentúa las complicaciones de una enfermedad crónica. Todas estas características señaladas conducen al aislamiento social.

*** Complicaciones varias a nivel médico y orgánico, sepsis, neumonía, UPP.**

La neumonía aparece como un evento adverso, frecuente (45%) y terminal. La prevalencia de úlcera por presión es significativa cuando coexiste la enfermedad de Parkinson y la demencia. Las UPP pueden causar una serie de complicaciones potenciales como infecciones, sepsis y daños cutáneos con pérdida de tejido.

*** Necesidad de instrucción, información y capacitación.**

La educación y la formación representan un paso sustancial en la instrucción de un cuidador empoderado. Las organizaciones dedicadas a la atención a familiares y afectados promueven un servicio específico y profesional de orientación y capacitación formativa útiles para disipar las dudas y miedos representativos del proceso de la enfermedad de Parkinson.

El desafío de vivir con la enfermedad de Parkinson en las etapas tardías representa un reto y un propósito para miles de cuidadores. Alcanzados la etapa final, su trayectoria larga y sostenida, ha promovido múltiples reacciones negativas que han sorteado con éxito junto a otros apoyos.

*** Prolongar el cuidado en casa u optar por el cuidado en una institución de larga estadía.**

La incapacidad de movimiento, el aumento del nivel de dependencia, las comorbilidades médicas y la necesidad de ayuda del cuidador cobran importancia a la hora de decidir el ingreso en una institución de cuidado.

El progreso de la enfermedad de Parkinson en sus etapas avanzadas, pugna con la estancia en el hogar hacia la cobertura satisfactoria de necesidades específicas. Las complejas necesidades y la asistencia profesional médica pretenden abordar la atención de los problemas ocasionados por la enfermedad, así como las limitaciones físicas, conductuales y cognitivas, con adecuada monitorización. En tanto en cuanto progresa la enfermedad, el acervo multidisciplinar en torno al profesional sanitario y de la salud promueve un ingreso institucional para abordar el caso. Es más, del mismo modo, los cuidados paliativos junto con sus características pautas específicas y su enfoque integral, pretenden implementar una atención válida y apropiada en estas circunstancias.

El riesgo de caídas, las necesidades avanzadas, el agotamiento del cuidador y del propio núcleo familiar junto a la incapacidad de gestionar un abordaje sólido, promueven toda evidencia de un ingreso institucional en larga estadía. De igual modo, ante la gravedad del acceso a etapas severas, prolongar la estancia en el hogar sucumbiendo a la dependencia, la sintomatología y eventos adversos, así como la escasez de recursos, hace inviable la permanencia en el hogar, siendo la opción considerable la búsqueda del proveedor de atención profesional.

En instituciones de cuidado, el enfoque de atención integral compone a través del manejo interprofesional, mejorar la calidad de vida, la dignidad del individuo, así como atender a las necesidades físicas, emocionales y espirituales. Debe ser la alternativa elegible para administrar los cuidados paliativos. Existen una serie de factores que se consideran fundamentales para mantener el cuidado en una institución. La transición debe ser una seria opción cuando el final de la vida se acerca o se está procurando una intervención especializada en cuidados paliativos o las exigencias del cuidado sobrepasan las posibilidades y los recursos del domicilio.

*** Considerar el mejor plan de atención que preserve los deseos asistenciales del paciente**

Uno de los puntos principales que hay que considerar especialmente y cuya relevancia es patente antes del avance imparable de la enfermedad, es la consideración específica de una planificación que satisfaga sus necesidades físicas, emocionales y espirituales. Es importante que antes de llegar a esta etapa y para evitar problemas adicionales, conoce la expresión previa de los deseos del paciente con respecto a la trayectoria que tenía su cuidado y atención especializada. Es de vital importancia atestiguar una serie de directrices anticipadas y garantizar las decisiones del afectado en el tiempo de ahí que comprenden cada uno de los deseos y decisiones acerca de la atención médica que se proporcionará.

Es de esta manera, cuando se confiere una importancia capital a la decisión del afectado, el cual, es determinante para enfatizar sus preferencias, valores y objetivos en una etapa temprana, mucho antes de que el deterioro obstaculice la comunicación de los mismos/as. Es por ello, cardinal otorgar validez y atención a los deseos formulados por el propio paciente.

Los cuidados paliativos en etapa severa constituyen una estrategia fundamental y acertada para promover la mejora de la calidad de vida, no solo del paciente, sino también de sus familiares. De este modo, programar la atención concienzudamente antes del implacable deterioro, formula un paso decisivo y justo para consumar las difíciles decisiones médicas secundadas por el paciente en su mejor momento. Esta serie de directrices, deseos y pautas previas condicionarán de manera rotunda y decisiva la dirección que habrá de tomar los tratamientos e intervenciones en el futuro. Transcendentes estudios en esta misma línea confieren múltiples ventajas a la planificación, como pueden ser la tranquilidad del seno familiar (minimizar la angustia familiar), el descenso en la tasa de ingresos hospitalarios, la satisfacción del enfermo y el aumento de la calidad de vida de ambos.

*** Tendencia a caerse, freezing o tropiezos.**

En etapas tardías los problemas de desplazamiento y la incapacidad para la movilización, dificultan los desplazamientos. Episodios de caídas, las constantes paradas, el congelamiento o los tropiezos comienzan a ser más frecuentes. La asistencia del cuidador debe ser constante en este periodo.

*** Dificultades en el arreglo, vestido.**

El desarrollo de actividades cotidianas se vuelve un constante desafío en el que el enfermo preso del enlentecimiento y las dificultades motoras precisa de la asistencia constante del cuidador. En etapas tardías la realización de actividades de la vida diaria se encuentra seriamente afectada. El vestido y el aseo pueden representar tareas muy desafiantes. Es necesario lidiar con el enlentecimiento y optimizar aquellos momentos de mayor actividad para promover un mayor desarrollo motor.

Siempre es recomendable su independencia con la participación activa en todo el proceso.

*** Comunicación e intercambio verbal.**

A nivel comunicativo existen una serie de disfunciones notables que se alzan asociadas al deterioro de esta etapa. La hipofonía, congelación del habla, la disartria o la taquilalia, se agravan y dificultan notoriamente el proceso de la comunicación en el entorno.

El cuidador debe combatir la frustración existente en ambos y regirse por una comunicación adaptada, simple y codificada, guiada en todo momento de las expresiones faciales y el lenguaje no-verbal. Para paliar las trabas comunicativas es interesante la formulación de preguntas dicotómicas (respondidas fácilmente con si/no), usar pizarras o tableros de alfabeto.

¿Cómo afrontar la etapa severa?

¿Qué esperar en esta última etapa?, obviamente, considerar que los déficits y el avance no son iguales en todos los sujetos, con lo cual, estimar que la condición progresa de forma diferente en cada persona y su duración puede estar enmarcada en un largo periodo de tiempo.

La vulnerabilidad del paciente y la susceptibilidad a infecciones (neumonía, por ejemplo) pueden originar un riesgo importante en este frágil estado de salud ya mermado por los crecientes problemas físicos.

Conocidos los déficits y la limitación física, psicológica y funcional y dada la experiencia acumulada en los años de cuidado, es necesario programar una adecuada calidad de vida para el afectado en la etapa final de la enfermedad.

El cuidado debe orientarse a un cuidado de soporte, que deba considerar servicios de rehabilitación, apoyo externo, prolongar la independencia en la medida de lo posible y reducir el riesgo de complicaciones y eventos adversos como caídas, úlceras y el padecimiento del dolor.

El ejercicio de la movilidad es muy importante en el acceso de esta etapa. El inmovilismo y las complicaciones asociadas amenazan la calidad de vida. Es por ello, beneficioso, mejorar mediante ejercicios motores el movimiento activo y pasivo, junto a la frecuencia de los cambios posturales, la higiene y el cuidado de la piel, así como tratar condiciones de dolor.

A nivel nutricional, el deterioro orgánico causa dificultad para tragar, disminución de la motilidad intestinal, problemas de apetito y alteraciones en los mecanismos de saciedad, síndrome metabólico y disfagia. Una adecuada hidratación y la administración de alimentos triturados, así como atender a la utilización de espesantes y suplementos alimenticios, garantizarán una ingesta equilibrada y exenta de potenciales riesgos.

Es interesante observar las consecuencias de la farmacología del tratamiento prescrito en las consecuencias directas con la alimentación. Molestias digestivas, estreñimiento, sequedad de la boca, vómitos o diarrea. A medida que progresa la enfermedad, la eficacia de la Levodopa va disminuyendo considerablemente. El desgaste del fármaco puede estar vinculado a cambios dramáticos en la farmacocinética o a la degeneración progresiva de estructuras y terminales dopaminérgicos.

La hipercinesia o el aumento de los movimientos involuntarios es una consecuencia adversa generada por este fenómeno causado por el desvanecimiento del efecto de la Levodopa con el tiempo de administración.

La hidratación es fundamental, ya que es común una cantidad inferior a la recomendada, siendo lo adecuado una ingesta de alrededor de ocho raciones de líquidos diarios. Los problemas con la deglución dificultan esta labor, tornándose en muchas ocasiones laboriosa, infructuosa y alarmante por la insuficiencia de promover una ingesta adecuada. Es importante, del mismo modo, reseñar que muchos pacientes pueden sentirse avergonzados por la constante ayuda o asistencia del cuidador. Por tanto, es primordial conceder cierto grado de independencia - en la medida de sus capacidades- para su alimentación o profesar una mínima asistencia en aquellos momentos en los que sea necesario.

Es importante considerar, si es posible el cuidado en el entorno familiar, personal y privado. Con su ambiente y sus reminiscencias, así como una debida asistencia correspondiente con el esfuerzo integral del núcleo familiar y el apoyo indiscutible de profesionales externos, las mejores opciones del cuidado consideran estas características intrínsecas al ambiente familiar. Así como el respaldo de una adecuada planificación y la gestión coordinada de una atención garantizada. Si la gravedad imposibilita una estancia en el hogar, la atención paliativa cobra relevancia en últimas etapas de la enfermedad. Representa un abordaje médico especializado en casos de cronicidad, busca un alivio de los síntomas.

La discapacidad grave en etapas posteriores dificulta la calidad de vida del afectado. La necesidad de una atención específica dirigida a síntomas físicos y cognitivos enfatiza, una atención más especializada que la profesada en el núcleo familiar. Los problemas de movilidad causan síntomas graves e incapacitantes. Los temblores severos, la rigidez, bradicinesia y los movimientos lentos provocan un menoscabo cada vez más creciente en la calidad de vida.

Los esquemas de cuidado correspondientes a etapas leves son completamente diferentes al administrado en etapas tardías. El tratamiento inicial corresponde fundamentalmente orientado a la prevención y al alivio de síntomas. En etapas severas, el tratamiento queda orientado a un enfoque holístico, a una atención de soporte y paliativos, en la cual, está encauzado a posibilitar un manejo práctico de los impedimentos motores y no motores, así como administrar una atención cercana que inquiera la prevención de la autonomía y su calidad de vida.

La desconexión social del cuidador y la fatiga acumulada hace necesario un respiro circunstancial de la prolongada labor que lleva a cabo. La instrucción del resto del núcleo familiar debe permitir estos respiros, dejando al afectado en manos de otros, también experimentados e instruidos como el cuidador principal en el manejo de rutinas y demás situaciones relativas al cuidado. Es por ello, que la planificación cuidadosa debe formar parte del diseño de la atención, siendo consciente, al mismo tiempo, de que las necesidades se volverán más complejas y que se deberá permitir una atención profesional y social proveniente del exterior.

El cuidador debe encontrarse asistido y apoyado por su propio entorno familiar, siendo de vital importancia que éstos acompañen y complementen los esfuerzos del cuidador principal, como una segunda unidad. Labores como la organización de las citas médicas, las tareas o compromisos del hogar o las gestiones financieras o la administración de la medicación pueden ser delegadas con éxito para permitir un respiro al artífice cardinal del cuidado.

Es importante impregnar el día a día con unas pinceladas de normalidad y regularidad. Un contexto enriquecido de apoyos, de otros cuidadores suplentes instruidos desde el interior y contar – indudablemente- con el sostén de la comunidad, grupos de apoyo, organizaciones y comunidad (vecindad, otros familiares o allegados, amigos cercanos), que, en cualquier momento, pueden marcar la diferencia sustancial entre el aislamiento – autoimpuesto o padecido- y la fuente útil de apoyos que permite cierta solidez y tranquilidad en la trayectoria de esta fatídica etapa final.

Aunque no siempre se aceptan ayudas abiertamente el sentimiento de aislamiento, de culpa y de desesperanza, concluyen omitiendo o rechazando las diversas proposiciones de ayuda que pueden surgir del exterior. Esta exclusividad en el cuidado y el contundente rechazo de ayudas correlaciona a corto plazo con el aislamiento social y a largo plazo va sentando las bases del burnout y la decisión indiscutible de institucionalización.

Muchos cuidadores llevan al límite de sus fuerzas la situación de cuidado y desaprovechan cada una de las propuestas de respiro, descanso y reemplazo que puedan surgir armónicamente tanto desde el propio entorno como del procedente de ayuda contratada o apoyos institucionales. Es importante, de este modo, que el cuidador se integre en la comunidad y abrace la ayuda profesional. Una adecuada provisión de información, la formación en el manejo de síntomas y el correspondiente apoyo emocional son decisivos factores para encarrilar la enfermedad.

Los restantes miembros del sistema familiar deben secundar al cuidador, sustentando la naturaleza del cuidado informal, donde se facilitan las actividades cotidianas y sostienen y posibilitan la labor del cuidador principal con un adecuado reparto de roles. Es concluyente que cada miembro familiar resista y dirija la atención en algunos de los momentos de la trayectoria del cuidado para – en circunstancias de acceder a la transición de etapa – tenga el conocimiento suficiente y válido para ejercer el cuidado.

De cara a brindar una cada vez mayor – atención personalizada – la experiencia del cuidador debe aunar la disponibilidad de la atención familiar con los recursos sanitarios profesionales.

La proactividad en el cuidado debe encarnar un paso previo a encauzar intervenciones de cara a un futuro cercano. Estructurar y organizar una planificación de atención a largo plazo donde se consideran tratamientos, complicaciones potenciales y búsqueda de los mejores recursos asistenciales disponibles. Es sin duda, primordial, seleccionar las mejores prácticas en esta etapa compleja y considerar las necesidades de atención futuras.

La pérdida anticipada acontece en las familias tras el diagnóstico de la enfermedad neurodegenerativa progresiva. Los factores que acompañan este proceso de desolación tan significativo antes del duelo apuntan esencialmente a la sobrecarga percibida, la depresión y el estrés psicológico y emocional. La pérdida anticipada está estrechamente vinculada a la pérdida de capacidades y funciones anteriores del individuo. La personalidad, los problemas de conducta o la pérdida de independencia asumen un detrimento paulatino de capacidades inherentes al desarrollo y progreso de la enfermedad.

El cuidador asume a su pesar, generalmente, un rol indiscutible, dilatado e incondicional en el tiempo. En muchas de las ocasiones, se toma el timón sin experiencia o simplemente relegado a una posición impuesta o comprometida vinculada al parentesco familiar o a la posibilidad conyugal de abandonar uno de ellos el ámbito laboral para ejercer la labor de cuidado.

El duelo antes de la muerte marca el inicio de una serie de sentimientos de aflicción y desconsuelo hacia la persona afectada cuya cronicidad, le hará perder dramáticamente, sus capacidades físicas y mentales debido a la enfermedad neurodegenerativa. En comparación al normativo duelo sobrevenido tras la muerte del ser querido, el duelo anticipatorio se asocia con pérdida emocional, la naturaleza idiosincrática de un duelo atípico, duradero y asociado a la ira.

Las dificultades comunicativas y los cambios a nivel cognitivo se asocian habitualmente con factores representativos de duelo anticipatorio. La cercanía emocional o la proximidad familiar con el individuo acrecientan esta peculiar condición psicológica. El impacto en el cuidador suele ser superlativo, con síntomas graves de estrés, preocupación, soledad, pena, irritabilidad y retraimiento social.

El cuidador acechado por el duelo anticipatorio se lamenta por la sustitución y cae circunstancialmente en una espiral de victimismo. El dolor y el miedo pilotan esta etapa a la vez que el mismo atisba un pronto final que revitaliza la condición de absoluto desgaste.

La introducción del modelo de cuidados paliativos puede proponer una especie de equilibrio para lidiar con la anticipación de las reacciones de duelo, en gran medida que aporte al afectado un tratamiento de naturaleza paliativa y de soporte. Es importante aproximar a las familias de modo holístico a este enfoque, ya que admite ser una intervención que busca maximizar la calidad de vida del paciente en etapas finales de la enfermedad.

La severa limitación del paciente (cognitiva, comunicativa y motora) acentúa progresivamente esa dolorosa sensación del duelo en vida. El duelo ha sido definido como el compañero constante y oculto del deterioro relativo a la demencia. En este caso es extrapolable, ciertamente a la realidad del proceso neurodegenerativo. Establece sin lugar a duda un proceso caracterizado por altibajos. Cuando finalmente sucede la defunción del ser querido con la enfermedad, la trayectoria del cuidado envuelve la situación en la que el enflaquecimiento y extenuación del cuidador se considera inevitable y la aflicción ha sido consorte habitual a lo largo de todo el proceso. En cambio, la sensación de pérdida o la naturaleza del duelo anticipado, está fuertemente vinculada a la pérdida gradual de las capacidades. Compone un proceso de pérdida abierto y constante, una ambigüedad que se mantiene latente con la gravedad y el avance de la enfermedad.

El manejo emocional y el asesoramiento profesional situarán al cuidador y a su núcleo familiar a gestionar y regular la pérdida siendo un proceso universal y natural – que con la intervención de una serie de factores – puede ser difíciles de concebir y dilucidar. En este caso, la experiencia de duelo y pérdida se desarrolla dilatada en el tiempo. El curso de la enfermedad de Parkinson es en muchas ocasiones extenso. Los agentes del cuidado sostenido atestiguan que una labor comprometida con el afectado, la cual, es abordada durante más de una década normalmente (de 8 a 10 años o más). Es por ello, que la experiencia de pérdida es vivenciada como un continuum por el proveedor de cuidado. Se destaca la cualidad multifacética del duelo anticipatorio. Éste es prolongado (toda la enfermedad), incierto (no tiene un punto claro de inicio y finalización), interiorizado (no es un sentimiento reconocido ni lamentado habitualmente de forma abierta) y abrumador (parte del estado y la severidad del progreso de la enfermedad). Todo este sentimiento pernicioso correlaciona con la desesperanza, la depresión y el deterioro progresivo del enfermo junto con la pérdida de capacidades, personalidad y funcionalidad. Esto conlleva, por tanto, un cambio sustancial en la dinámica de la relación determinada. Ésta debe orientarse comúnmente al establecimiento de nuevos esquemas de atención, recursos y exigencias relativas al cumplimiento de las tareas del cuidado.

La constante sensación de pérdida desafía el bienestar del cuidador e inicia lentamente el declive de su tesón en la labor desempeñada, mermando su salud y su afectividad, ensombreciendo la realidad del cuidado hacia un horizonte oscuro y sombrío.

El impacto emocional de la pérdida es una reacción universal y natural del ciclo de la vida. Pese a que la familia vislumbra un alargado proceso de duelo, es difícil asumir la muerte inminente del ser querido, así como lidiar con la tristeza de un modo personal, independiente, correlativo al temperamento y la experiencia única de cada individuo.

El doliente – sea cuidador principal u otro miembro del entramado familiar – procesa la pérdida y es arribado a través de una serie de factores predictivos del impacto emocional (como, por ejemplo, vinculación, proximidad, apego, afectividad y relación). Desde la ansiedad a la profunda depresión, hasta la ira, pensamientos intrusivos y recurrentes a la impotencia., dibujan encarecidamente un esquema y el impacto del proceso de duelo, desde la tormenta de emociones hasta la llegada de la realidad – una desconocida en la cual la relación de cuidado ha llegado a su fin y se configura un nuevo entramado familiar – puede ocurrir en meses o incluso años después. El dolor y la soledad, así como la desocupación o el vacío dejado por la dedicación exclusiva llevada a cabo de manera sostenida y ferviente, da paso, abruptamente a un periodo o a una brecha donde afrontar un nuevo contexto diario exento de las ataduras del cuidado.

Es cierto, que el duelo anticipado disocia del duelo real, el primero, cargado de tristeza y carga personal, impotencia y anhelos sinceros (promovidos por la pérdida de capacidades mentales, motoras y de la personalidad del individuo). Estas reacciones son prolongadas en el tiempo, culminan en la etapa severa con la gravedad de la persona y la defunción. Este proceso se encuentra en toda su trayectoria circundado de un desiderátum de mejoría. El cuidador desea una remisión de síntomas o una mejora transitoria, que parte o bien desde el seguimiento del tratamiento farmacológico a la asistencia de terapias de ayuda (no-farmacológicas, estimulación o consejería) que, el paciente muestra una ligera mejoría o un estancamiento positivo en una etapa excusada de afectación severa. Lejos de dicha ocurrencia, el avance de la enfermedad frustra y reincide vigorosamente en el cuidador principal y su núcleo, una brutal sobrecarga que devasta gradualmente las posibilidades (físicas y mentales) de un enfermo crónico que avanza regularmente por cada una de las etapas de afectación.

De esta manera, el cuidador queda relegado durante el proceso y el final de la enfermedad a vivir con la muerte. El cuidador experimenta una gran inquietud a medida que se adentra y confronta la enfermedad en su etapa decisiva.

Es muy habitual el sesgo de recordar, incluso ante dramática evidencia contraria, que el ser querido sigue siendo la misma persona incluso cuando muestra claros déficits vinculados a la demencia y su comunicación es infructuosa. Es importante que el cuidador olvide los deseos y se centre especialmente en el ahora para combatir activamente la enfermedad. A nivel psicológico, se juzga el paso del tiempo como un continuum que desafía el bienestar y agota a ambos (cuidador y afectado) tanto emocional como físicamente a medida que transcurre implacablemente su curso por las etapas evolutivas.

Es importante el permitirse el duelo, sumergirse sin miedo ni culpa en esa avalancha de emociones negativas para hallar una respuesta final con la reconciliación de los sentimientos y emociones implicadas.

La culpa acaece como un factor real y normativo en los procesos de duelo. El cuidador la padece normalmente tras el deceso en un cuestionamiento constante de sus habilidades y ejecuciones durante la labor del cuidado.

Las demandas del cuidado coexisten con las reacciones funestas del duelo anticipado. El dolor contribuye al agotamiento del cuidador junto con la negación y el no reconocimiento de la pérdida. Es importante para el cuidador gestionar sus sentimientos, conectar con otros cuidadores para identificar, reconocer y confiar sus pensamientos e inquietudes a otros que no le juzgarán. Siendo ex cuidador, la persona encara una realidad desigual y debe dilucidar – con ayuda de otros y confiriéndose su propio tiempo – un proceso de duelo que es un paso multifacético, universal y natural. No debe ser negado ni ignorado, en cambio sí debe ser confrontado, vivido y culminado, como una experiencia más del viaje que emprendió cuando accedió a cuidar. Sin embargo, no podemos predecir ni pautar temporalmente la duración de un proceso de duelo. El duelo tiene unas características inherentes personales del individuo, junto con sus aspectos emocionales, físicos y psicológicos que pueden variar con el transcurso del tiempo.

La ruptura de la dinámica cotidiana establecida supone una situación inusual para el ex cuidador. Esta novedosa realidad salva a otra en la cual, el cuidador era protagonista, agente y responsable del cuidado de la persona afectada. Cuando la prestación de cuidados llega a su fin, éste se encuentra con un dramático cambio de vida, pierde su misión encomendada y reflexiona acerca de cuál puede ser su camino, tomando autoconsciencia de una situación novedosa. La prestación de cuidados constituía la identidad del cuidador y su objetivo.

Referencias Bibliográficas

Aarsland D, Kurz MW. The epidemiology of dementia associated with Parkinson disease. J Neurol Sci. 2010;289:18–22.

Carter, J. H., Lyons, K. S., Lindauer, A., & Malcom, J. (2012). Pre-death grief in Parkinsons caregivers: a pilot survey-based study. Parkinsonism & related disorders, 18 Suppl 3, S15–S18. https://doi.org/10.1016/j.parkreldis.2012.06.015

Connolly, B., & Fox, S. H. (2014). Treatment of cognitive, psychiatric, and affective disorders associated with Parkinsons disease. Neurotherapeutics : the journal of the American Society for Experimental NeuroTherapeutics, 11(1), 78–91. https://doi.org/10.1007/s13311-013-0238-x

Connolly, B. S., & Lang, A. E. (2014). Pharmacological treatment of Parkinson disease: a review. JAMA, 311(16), 1670–1683. https://doi.org/10.1001/jama.2014.3654

de Lau LM, Breteler MM. Epidemiology of Parkinsons disease. Lancet Neurol. 2006 Jun;5(6):525-35. doi: 10.1016/S1474-4422(06)70471-9. PMID: 16713924.

Fasano, A., Fung, V.S.C., Lopiano, L. et al. Characterizing advanced Parkinsons disease: OBSERVE-PD observational study results of 2615 patients. BMC Neurol 19, 50 (2019). https://doi.org/10.1186/s12883-019-1276-8

Fox, S., Gannon, E., Cashell, A., Kernohan, W. G., Lynch, M., McGlade, C., OBrien, T., OSullivan, S. S., Sweeney, C., & Timmons, S. (2015). Survey of Health Care Workers Suggests Unmet Palliative Care Needs in Parkinsons Disease. Movement disorders clinical practice, 2(2), 142–148. https://doi.org/10.1002/mdc3.12133

Hall, K. Window of Opportunity: Living with the Reality of Parkinsons and the Threat of Dementia, Chapter 13: Palliative Care and Neurology: Striving for Justice, (North Slope Publishing, 2014).

Hudson PL, Toye C, Kristjanson LJ. Would people with Parkinsons disease benefit from palliative care? Palliat Med. 2006 Mar;20(2):87-94. doi: 10.1191/0269216306pm1108oa. PMID: 16613404.

Krüger, R., Klucken, J., Weiss, D., Tönges, L., Kolber, P., Unterecker, S., Lorrain, M., Baas, H., Müller, T., & Riederer, P. (2017). Classification of advanced stages of Parkinsons disease: translation into stratified treatments. Journal of neural transmission (Vienna, Austria : 1996), 124(8), 1015–1027. https://doi.org/10.1007/s00702-017-1707-x

Luchesi, K.F., Toledo, I.P., & Mourão, L. (2017). Dysphagia in Parkinsons Disease: Prevalence, Impact and Management Challenges. Journal of Otolaryngology-ENT Research, 6.

Marras C, Armstrong MJ, Meaney CA, et al. Measuring mild cognitive impairment in patients with Parkinsons disease. Mov Disord. 2013;28:626–633

Mueller, A. P. Rajkumar, Y. M. Wan et al., "Assessment and management of neuropsychiatric symptoms in Parkinsons disease," CNS Drugs, vol. 32, no. 7, pp. 621–635, 2018.

Okuma,Y. "Freezing of gait and falls in Parkinsons disease," Journal of Parkinsons Disease, vol. 4, pp. 255–260, 2014.

Perez F, Helmer C, Foubert-Samier A, Auriacombe S, Dartigues JF, Tison F. Risk of dementia in an elderly population of Parkinsons disease patients: a 15-year population-based study. Alzheimers Dement. 2012 Nov;8(6):463-9. doi: 10.1016/j.jalz.2011.09.230. Epub 2012 May 30. PMID: 22651942.

Rosqvist, K, Odin, P, Hagell, P, Iwarsson, S, Nilsson, M. H, Odin, P. Levodopa effect and motor function in late stage Parkinson´s disease. Journal of Parkinson´s Disease. 2018; 8 (1): 59-70

Rosqvist, K., Hagell, P., Iwarsson, S., Nilsson, M., Odin, P. Satisfaction with care in late stage Parkinsons´s Disease. Parkinsons Dis. Vol. 2019; 2019: 2593547.

Schmotz C, Richinger C, Lorenzl S. High Burden and Depression Among Late-Stage Idiopathic Parkinson Disease and Progressive Supranuclear Palsy Caregivers. J Geriatr Psychiatry Neurol. 2017 Sep;30(5):267-272. doi: 10.1177/0891988717720300. Epub 2017 Jul 27. PMID: 28747135.

Schrag A, Hommel ALAJ, Lorenzl S, et al; the CLaSP Consortium. The late stage of Parkinsons —results of a large multinational study on motor and non-motor complications. Parkinsonism Relat Disord. Published online May 21, 2020. doi:10.1016/j.parkreldis.2020.05.016

Svenningsson P, Westman E, Ballard C, Aarsland D. Cognitive impairment in patients with Parkinsons disease: diagnosis, biomarkers, and treatment. Lancet Neurol. 2012 Aug;11(8):697-707. doi: 10.1016/S1474-4422(12)70152-7. PMID: 22814541.

Tarolli CG, Zimmerman GA, Auinger P, et al. The palliative needs of individuals with Parkinson disease. American Academy of Neurology 2019 Annual Meeting; Philadelphia, PA, 2019.

Tratamiento en el Párkinson Avanzado

Dr. Juan Moisés de la Serna

Hay que indicar que a medida que avanza las opciones del tratamiento de la enfermedad de Párkinson se reducen, empezando por el farmacológico y rehabilitador hasta el quirúrgico.

Farmacológico

Con respecto al tratamiento cabe indicar que un estudio realizado por la Universidad de Leicester (Inglaterra) afirma que ha dado un paso decisivo contra las enfermedades neurodegenerativas como el Alzheimer o el Párkinson.

Este equipo encontró hace tiempo que las células neuronales morían precipitadamente al acumularse una determinada proteína, a partir de ahí han diseñado un nuevo medicamento que bloquea dicha proteína, proporcionando mayor vida a las neuronas.

Esta investigación que todavía se encuentra en fase de experimentación con animales, ha mostrado resultados positivos a nivel neuronal, aunque con ciertos efectos secundarios al dañar el páncreas de los participantes, debido a la toxicidad del medicamento.

Resultado que abre una puerta a la esperanza ante unas enfermedades para las que hasta ahora existían limitadas opciones a nivel farmacológico, siendo en todo caso necesaria la reeducación funcional de las capacidades "perdidas" por parte de los pacientes, de forma que se puedan compensar las habilidades afectadas con nuevas estrategias.

Psicoterapeuta

Cuando uno piensa en la enfermedad de Párkinson lo suele hacer con respecto a sus consecuencias físicas y motoras en el paciente.

Al tratarse de una enfermedad neurodegenerativa, los simples temblores van a dar paso a problemas de todo tipo relacionados con el control voluntario de los movimientos lo cual se va a expresar tanto en la forma de andar, hablar y hasta en los movimientos más simples.

Pero este, quizás sea el signo más evidente de esta enfermedad, aunque no el único, ya que se van a producir también afectaciones a nivel del desempeño cognitivo.

Unido a todo lo anterior hay que tener en cuenta el gran impacto emocional que supone verse enfermo, sabiendo que en la actualidad todavía no tiene cura, lo que poco a poco le va a ir llevando a mucha menor independencia y calidad de vida.

Igualmente, en muchas ocasiones el paciente va a ir retirándose de la vida social y de sus amistades, en ocasiones avergonzado por su sintomatología, en otras, para no tener que dar explicaciones sobre su enfermedad.

Un aislamiento que es muy frecuente y de gran impacto emocional, tanto que existe un alto porcentaje de pacientes con Párkinson que además sufren depresión.

A pesar de lo anterior, buena parte de la intervención terapéutica se centra, casi en exclusiva en los aspectos físicos y motores del paciente, tratando de que mantenga el mayor tiempo posible su independencia, alargando así su calidad de vida, "olvidando" en ocasiones, los aspectos emocionales del paciente, pero ¿cuál es el papel de la psicoterapia en el Párkinson?

Esto es lo que ha tratado de averiguarse con una investigación realizada desde el departamento de Neurología y el Centro de Neurociencia Clínica de la Facultad de Medicina y el Hospital General Universitario de la Universidad Charles junto con el Centro de Neurociencias Aplicadas e Imágenes del Cerebro del Instituto Nacional de Salud Mental (República Checa).

En el estudio participaron 368 pacientes con la enfermedad de Párkinson y 221 fisioterapeutas que trabajan a diario con este tipo de pacientes.

Se evaluó a los pacientes con Párkinson con el Patients Limitations in Activities of Daily Living para conocer el nivel de afectación de la enfermedad en las distintas funciones de la vida en seis áreas, en la marcha, la destreza manual, la estabilidad y el número de caídas, la postura y la condición física general. El cuestionario creado ad-hoc evalúa el conocimiento sobre la enfermedad de Párkinson, el tratamiento, y detalles sobre la terapia recibida.

Los resultados informan que únicamente el 28% de los pacientes con Párkinson obtuvieron la prescripción para recibir psicoterapia complementaria a la terapia física, de los cuales el nivel de satisfacción con la intervención psicoterapéutica fue de un 79% en los últimos 3 meses.

Rehabilitación física

Quizás de las intervenciones más reconocidas son los ejercicios físicos, empleados para que el paciente mantenga durante el mayor tiempo posible su autonomía personal, mediante la realización de diversas actividades, pero ¿hasta qué punto es beneficioso el ejercicio físico en los pacientes de Párkinson?

Esto es lo que ha tratado de responderse con una investigación realizada conjuntamente desde la Universidad de Sureste Nova, junto con la Universidad del

Norte de Kentucky, la Universidad Estatal de Kent, y la Universidad del Oeste de Virginia (EE. UU.).

En el estudio participaron 8 varones con edades comprendidas entre los 61 a 74 años, todos ellos en las primeras fases de la enfermedad de Párkinson, siguiendo la escala H. & Y.

Los participantes acudieron durante ocho semanas a veinticuatro sesiones de ejercicio físico controlado, en el que se sucedían sesiones de estiramiento con bicicleta estática y ejercicios de resistencia.

Se realizó una evaluación previa al inicio y al finalizar el periodo de ocho semanas sobre la densitometría del paciente que incluía peso, masa corporal, porcentaje de grasa, así como un ejercicio para evaluar la capacidad pulmonar.

Los resultados muestran que, con ejercicios suaves controlados por un monitor experto, y en sólo ocho semanas de entrenamiento, se encontró una reducción significativa del nivel de grasa corporal y un incremento de la capacidad pulmonar.

Hay que tener en cuenta que los resultados positivos se obtuvieron con pacientes en las primeras fases de la enfermedad de Párkinson, por lo que no se conoce si estos efectos se mantienen o no en fases avanzadas de la enfermedad, o son incluso contraproducentes, debido a la rigidez muscular propia de la enfermedad.

Cabe indicar que una de las actividades físicas más habituales en determinadas asociaciones de pacientes de Párkinson es el Tai Chi, la cual es una técnica oriental que se puede practicar de forma individual o en grupo, donde se realizan ejercicios establecidos considerados como una meditación en movimiento.

Muchos han sido los beneficios que se han atribuido a este arte milenario sobre todo en lo relacionado con la relajación y el control interno, indicado para el tratamiento complementario de patologías como el dolor crónico, la ansiedad, la artritis o la depresión.

El control de la respiración, la focalización en los movimientos y la práctica al aire libre parecen estar detrás de estos beneficios, a lo cual se le suma la flexibilidad y la destreza motora que se va adquiriendo con la repetición de los movimientos.

En algunas culturas se practica desde la juventud, lo que facilita que sus efectos beneficiosos se extiendan a lo largo de toda la vida, sirviendo así para prevenir algunas patologías, sobre todo aquellas relacionadas con el sedentarismo y la hipertensión, pero ¿hasta qué punto es efectivo la práctica del Tai Chi ante la enfermedad de Párkinson?

Esto es precisamente lo que se ha tratado de averiguar desde el Centro Médico Overlook (EE. UU.) con un estudio en el que participaron 44 pacientes diagnosticados con Párkinson, a la mitad de los cuales se les entrenó en la práctica del Tai Chi, mientras que al resto no se les entrenó.

A los que aprendieron Tai Chi, siguieron un entrenamiento de 16 clases semanales de una hora cada sesión.

A todos los participantes se les administraron pruebas estandarizadas para evaluar su desempeño motor a través de Unified Parkinsons Disease Rating Scale; la calidad de vida del paciente mediante el Parkinson's Disease Questionnaires-39; igualmente para comprobar su estado de ánimo se administró el Geriatric Depression Scale.

Los resultados aun mostrándose beneficioso entre los que recibieron el entrenamiento en Tai Chi, no fue suficientemente significativo frente al grupo control, sobre todo en cuanto a mejora del estado de ánimo.

Algo que por otra parte es muy importante debido a la alta incidencia de sintomatología depresiva entre los pacientes que sufren la enfermedad de Párkinson, pero ¿se pueden optimizar los efectos del Tai-Chi?

Esto es lo que ha tratado de responderse con una investigación realizada desde el Departamento de

Rehabilitación Médica del Hospital Tongde junto con el Departamento de Rehabilitación Médica del Hospital universitario Sichuan del Oeste de China (China).

En el estudio participaron 36 pacientes con la enfermedad de Párkinson, de los cuales la mitad fue asignado aleatoriamente a un grupo que recibiría clases de Tai-Chi de forma colectiva, mientras que el resto recibirían las clases de forma individualizada.

Después de trece semanas de entrenamiento a razón de tres veces a la semana, se realizaron las evaluaciones para comprobar si existían diferencias entre el empleo de un método grupal frente al individual en pacientes con Párkinson.

A parte de la práctica guiada en clase se les solicitó a los participantes que realizasen de forma individual los ejercicios entrenados todos los días.

Antes de empezar y al final del período de trece semanas se evaluó a cada participante con una escala sobre la cantidad y calidad del sueño denominada Parkinsons Disease Sleep Scale; una para determinar la presencia de sintomatología depresiva a través del Hamilton Depression Scale; y una para evaluar las capacidades cognitivas mediante el Beijing version-Montreal Cognitive Assessment.

Los resultados muestran que no existían diferencias significativas entre ambos grupos antes de empezar el entrenamiento.

La comparación pre y post entrenamiento de la práctica del Tai-Chi ofrece resultados significativos tanto en el grupo del aprendizaje individual como colectivo, tanto en cuanto a sintomatología asociada al sueño, pero únicamente se observó una mejora en cuanto a las capacidades cognitivas entre los que asistían a las clases colectivas. No produciéndose en ninguno de los dos grupos ningún efecto positivo en la sintomatología asociada a la depresión.

En cuanto al cumplimiento de las tareas diarias de la práctica de Tai-Chi se observó cómo los que realizaban su aprendizaje en grupo eran más constantes y cumplidores que los que recibían este entrenamiento de forma individual.

Por tanto y basado en las dos investigaciones anteriores, la práctica de Tai-Chi va a proporcionar beneficios, sobre todo si se realiza de forma colectiva, pero es necesario atender a los aspectos emocionales, como la sintomatología depresiva para lo cual hay que incorporar otro tipo de terapia que lo complemente.

La misma finalidad que se busca alcanzar con el Tai-Chi se ha propuesto con el baile terapéutico, donde se adapta esta disciplina a cada tipo de paciente, para fortalecer el control sobre su musculatura, pero ¿es beneficioso el baile para el Párkinson?

Esto es precisamente lo que ha tratado de averiguarse desde el Departamento de Desarrollo Humano, Universidad Estatal de California (EE. UU.) con un estudio en donde participaron cuatro pacientes diagnosticados con la enfermedad de Párkinson con edades comprendidas entre los 61 a 90 años, de los cuales la mitad eran mujeres. A todos ellos se les solicitó que respondiesen a unas cuestiones sobre los beneficios que habían percibido de la práctica del baile terapéutico.

Los resultados muestran que el baile ayuda a los pacientes a ser conscientes de las limitaciones originadas por la enfermedad de Párkinson, igualmente se comprobó cómo la motivación por el baile provenía principalmente por consejo médico y no así por una disposición personal al mismo.

Por último, la incorporación del baile como práctica habitual hace que los ejercicios recomendados para su enfermedad sean más sencillos de cumplir, ya que son incluidos en el baile.

Rehabilitación cognitiva

Uno de los inconvenientes de las enfermedades que

tienen un origen tardío es que se confunden los síntomas con los propios de la edad. Tal es el caso de la enfermedad de Párkinson, que, aunque no es exclusivo de personas de avanzada edad, sí es común que se dé entonces, con lo que a la sintomatología propia de la enfermedad se ha de sumar las dificultades asociadas al envejecimiento.

Tal es así que se estima que el 25% de los pacientes con la enfermedad de Párkinson muestran además deterioro cognitivo leve, es decir, síntomas que van a ir en detrimento de la calidad de vida del paciente.

Deterioro que en la población anciana suele mejorar con la rehabilitación oportuna, pero que en el caso del Párkinson se suele tener poco en cuenta, centrada la intervención casi en exclusiva por atender los síntomas más graves de esta enfermedad como son los temblores, rigidez o inestabilidad postural entre otros, es decir, en los síntomas motores.

El problema es que se ha observado cómo el deterioro cognitivo leve lleva asociado en algunos casos síntomas como la inestabilidad postural, el cual puede ser confundido con uno propio del Párkinson, entonces ¿se puede mejorar el Párkinson con rehabilitación para el anciano?

Esto es lo que ha tratado de averiguarse con una investigación realizada por el Departamento de Ingeniería

Biomédica, junto con el Departamento de Neurología y el Departamento de Medicina, Universidad de Emory; el Instituto Tecnológico de Georgia y el Centro de Rehabilitación Cognitiva y Visual Atlanta V.A. R.R. & D. (EE. UU.).

En el estudio participaron 116 adultos con edades por encima de los 66 años, de los cuales el 57% eran mujeres; 42 de los cuales padecían la enfermedad de Párkinson perteneciendo el resto al grupo control, todos ellos sin sintomatología propia de la demencia para lo cual se les evaluó mediante el Montreal Cognitive Assessment.

A todos se les registró variables sociodemográficas como la edad, sexo, años de educación, índice de masa corporal, problemas asociados y medicamentos que tomaban; igualmente se evaluó su nivel de independencia a través del Ability to perform Activities of Daily Living; la presencia de sintomatología depresiva mediante el Beck Depression Inventory-II; la calidad de vida y el miedo a caídas mediante escala tipo Likert.

En el caso de los participantes con Párkinson además se evaluó en qué fase de la enfermedad se encontraban a través del Unified Parkinsons Disease Rating Scale.

La intervención en rehabilitación se realizó mediante la práctica del baile adaptado a la edad de los participantes, en concreto en este estudio se empleó el tango.

Los resultados evidencian que a mayor edad menores habilidades cognitivas tanto en pacientes con o sin la enfermedad de Párkinson.

No existiendo diferencias significativas en las habilidades cognitivas antes y después de la intervención mediante la práctica del baile.

Entre las limitaciones del estudio, tal y como los autores señalan está la selección de los participantes, sobre todo los que no padecen la enfermedad de Párkinson, ya que el tener una mayor disposición a colaborar en este tipo de estudios puede dar muestra de una mayor independencia y menor afección cognitiva.

Igualmente, el estudio no aclara sobre cuántas sesiones se llevaron a cabo, con qué intensidad ni cuál era el objetivo de cada sesión, por lo que, si hubiese resultado significativo, no podría aplicarse a otras localizaciones sin esta información.

A pesar de lo anterior, parece que la intervención en ancianos, tengan o no la enfermedad de Parkinson va a mostrar efectos limitados en la recuperación de las habilidades cognitivas, al menos con una intervención basada en el baile; aspecto que por otra parte podría haber ayudado en cuanto a coordinación, pérdida de miedo a la caída y control muscular por parte de los pacientes con Párkinson, algo que no fue evaluado en este estudio.

Aún con estos resultados, la idea original del estudio, intervenir sobre los efectos de la edad como forma de contrarrestar los problemas que esta provoca en el Párkinson era buena.

Cambios en el Párkinson Avanzado debido al COVID-19

Muchos son los cambios que ha tenido que hacer frente la sanidad a nivel mundial, cada país implementando distintas medidas encaminadas a reforzar el sistema sanitario antes de que llegase la pandemia, cuando todavía no contaban con contagiados, o tratando de evitar el colapso del sistema cuando ya estaban sufriendo sus efectos.

Una de las medidas que mayor sorpresa generó al principio de la pandemia es al ver cómo China creó de la nada un hospital con capacidad para 1.000 pacientes, y en sólo 10 días, aspecto que se convirtió en un hito dentro de la sanidad al poner a disposición de la población tal cantidad de camas.

Si bien cada país ya sea adoptando políticas de prevención o ante la falta de camas disponibles, ha ido aumentando en los hospitales su capacidad de atención a pacientes con COVID-19 con un mayor número de camas, en el caso de España se superó el hito de China, al montarse por parte del personal del ejército en tan sólo 48 horas un hospital de campaña con capacidad para 5.500

pacientes en las instalaciones de la Institución Ferial de Madrid.

Actuaciones como la comentada en I.FE.MA. se han sucedido a menor escala en distintas provincias como medida para incrementar la capacidad de atención hospitalaria y con ello evitar la quiebra del sistema que se alcanzaría cuando el número de personas que requiriesen el ingreso no pudiesen tener acceso por no haber camas disponibles.

Otras medidas de las adoptadas desde diversas comunidades autónomas fue la de ir a residencias y centros de salud a "reclutar" a médicos y enfermeras para que trabajasen en los hospitales, e igualmente realizaron convocatorias públicas para reincorporar a jubilados, y contratar a nuevo personal entre los que aprobaron y no obtuvieron plaza de MIR, e incluso entre los que no habían terminados sus estudios, pero que al menos estuviesen matriculados en el último curso de medicina o enfermería.

Medidas encaminadas a reforzar las plantillas con lo que dar una mejor atención hospitalaria a los pacientes con COVID-19.

Pero además se adoptaron otras que influyeron decisivamente en los enfermos de Párkinson y fue en cuanto a la restricción de movimientos de los ciudadanos que no trabajasen en sectores esenciales.

Esto trajo consigo el cierre de los centros de día, consultas privadas e incluso se vio afectada la atención presencial que venían recibiendo los pacientes de Párkinson.

Una situación inaudita que ha hecho que los profesionales de la salud tengan que “reinventarse” llevando a cabo la atención por vía telemática o telefónicamente, con lo que evitar el desplazamiento de los pacientes, para lo que se ha apoyado en una de las áreas más modernas de la sanidad, la telemedicina, en donde se aprovechan los avances tecnológicos más recientes aplicándolo al ámbito de la salud.

Esta área ofrece innumerables ventajas tanto para los pacientes como para los profesionales que la emplean.

Para los pacientes de Párkinson porque no necesitan trasladarse al centro asistencial u hospitalario para las revisiones periódicas, ya que puede ser supervisado su progreso desde su propio domicilio.

Para los profesionales de la salud ya que les permite atender a los pacientes allá donde se encuentren, reservando las visitas o la atención presencial en los centros de salud ante casos que se compliquen.

Para el seguimiento únicamente se requiere de una computadora y una conexión a internet, y el empleo de programas tan popularizados como el Skype o Zoom que permite videoconferencias entre paciente y médico.

Si bien esta ha sido la forma de adaptarse menos costosa que en mayor medida se ha adoptado dada la premura que supone el cambio de método presencial al virtual, cabe indicar que la telemedicina lleva años progresando, permitiendo por ejemplo que el paciente pueda enviar información en tiempo real para poder realizar el seguimiento al mismo gracias a lo que se conoce como el Internet de las Cosas.

Algo pensado inicialmente en algunos países para las zonas rurales, donde en ocasiones la atención médica es irregular debido a las distancias, pero que rápidamente se ha extendido a las ciudades dada las grandes ventajas comentadas, pero ¿se puede monitorear de forma efectiva la evolución del Párkinson a distancia?

Esto es precisamente lo que se ha tratado de averiguar con una investigación realizada conjuntamente desde el Instituto de Matemáticas junto con el Centro para la Industria y las Matemáticas Aplicadas de la Universidad de Oxford (Inglaterra) y el Instituto de Ciencia del Habla y el Lenguaje de la Universidad de Colorado junto con el Centro Nacional de Voz y Habla (EE. UU.).

En el estudio participaron 42 pacientes diagnosticados con la enfermedad de Párkinson con una edad media de 65 años, los cuales fueron monitorizados a distancia empleando el sistema Intel At-Home Testing Device, el cual recogía información sobre la frecuencia e intensidad de los temblores, así como la lentitud motora y los problemas en el habla, además el dispositivo permitía comunicarse con su doctor a través de la voz.

El registro se realizó durante seis meses, tras los cuales se llevó a cabo un análisis matemático al respecto.

Los resultados muestran que se puede monitorizar a distancia a pacientes de Párkinson con una eficacia del 95%.

Aunque el sistema no es perfecto, permite una mayor independencia a los pacientes, que no tienen que estar pendientes de la visita periódica al médico.

Igualmente, el monitoreo permite conocer si se produce un empeoramiento del paciente, sin tener que esperar al día de la cita con el especialista, pudiendo intervenir de una forma más rápida y efectiva.

En esta misma línea de aprovechar los avances tecnológicos, hay que comentar que cada día son más las Apps creadas para el ámbito de la salud, estos son pequeños programas que se instalan en los dispositivos móviles y que pueden llevarse a cualquier lado.

Si bien, la mayoría de estas aplicaciones están orientadas exclusivamente a ofrecer información sobre alguna temática de salud, hoy en día se están realizando avances al respecto.

Así es posible estar monitorizado y conectado con nuestro médico a través de estos dispositivos, de forma que le avise cuando "algo no va bien".

A pesar de lo cual existen importantes limitaciones en cuanto al desarrollo de Apps orientadas a problemáticas concretas como la Enfermedad de Párkinson.

Con anterioridad se han presentado Apps que se "vendían" como un "tratamiento eficaz" cuando lo único que hacían era indicar el nivel de movimientos involuntarios de la persona basado en el osciloscopio que incorporan los teléfonos inteligentes.

Estas limitaciones provienen más del desconocimiento de la clínica por parte de los ingenieros e informáticos, ya que la tecnología actualmente permite diseñar prácticamente cualquier aplicación imaginable.

Igualmente, otra de las limitaciones, es precisamente esa falta de "imaginación" en cuanto a aplicar Apps creadas para la intervención clínica, es decir, saber sacar rendimiento eficaz a las herramientas disponibles actualmente, tal y como podría ser con la aplicación de Walk-Mate, una App orientada al mundo del ocio y del deporte que informa de cuántos pasos se dan y la distancia recorrida, pero ¿puede Walk-Mate ayudar en el Párkinson?

Esto es precisamente lo que ha tratado de responderse con una investigación planteada desde el departamento de

Inteligencia Computacional y Ciencias Sistémicas del Instituto Tecnológico de Tokio; junto con el departamento de Neurología del Hospital Central Kanto, y el departamento de Rehabilitación del Hospital Nissan Tamagawa (Japón).

En el estudio participaron 30 pacientes diagnosticados con la enfermedad de Párkinson, con edades comprendidas entre los 52 a 92 años, de los cuales 16 eran mujeres.

Se empleó la App Walk-Mate instalada en los smartwatches (relojes inteligentes) de los participantes, lo que permitió el registro de la marcha, numero de pasos y distancia recorrida.

Se realizó una evaluación, pre y post intervención, siendo esta, el caminar con señales auditivas rítmicas que ofrecía la propia aplicación Walk-Mate orientado a regular el ritmo de la caminata.

Los resultados indican una recuperación del ritmo "normal" perdido como consecuencia de padecer la enfermedad de Párkinson.

Hay que tener en cuenta que estos pacientes de Párkinson van a sufrir un progresivo deterioro de la función de caminar, de ahí la importancia de hallazgos como el presentado, ya que permite mejorar la calidad de vida simplemente incorporando una App a un smartwatch.

En este caso la App ya estaba creada y diseñada para otra función, orientada al ocio y al deporte, pero su aplicación parece innegable, sobre todo cuando se demuestra mediante experimentación clínica sobre los beneficios para estos pacientes, con lo que mejorar su calidad de vida.

Aunque todavía queda por saber si se puede diagnosticar el Párkinson mediante una App, lo cual se ha tratado de responder con una investigación realizada desde la Facultad de Medicina de la Universidad de Barcelona; junto con el Departamento de Ingeniería Mecánica y el Departamento de Matemáticas de la Universidad Politécnica de Cataluña; la Unidad de Parkinson y Movimientos del Departamento de Neurología del Hospital Clínic de Barcelona; y CIBERNED (España).

En el estudio participaron 17 pacientes con la enfermedad de Párkinson, 16 con temblores no asociados al Párkinson, 12 voluntarios sin temblores y 7 pacientes con temblor pero que no tenían diagnóstico al respecto.

Se depositó un smartphone en una de las manos de los participantes, y se tomaron dos medidas de 30 segundos cada una, la primera en reposo y la segunda mientras mantenía estirado el brazo.

Con dicho registro se establecieron las siguientes medidas: la frecuencia del espectro de potencia, la

Característica Operativa del Receptor y las curvas de potencia.

Los resultados informan de un 97,96% de sensibilidad y un 83,3% de especificidad en la clasificación correcta de los pacientes diagnosticados con la enfermedad de Párkinson y con temblores sin la enfermedad de Párkinson.

En cuanto al diagnóstico diferencial entre ambos la precisión alcanzó al 84,38%.

Hay que tener en cuenta que el estudio no da información sobre el tiempo que se lleva sufriendo las enfermedades en cada caso, por lo que se puede entender que es cuando estas muestran síntomas evidentes de temblores, lo que impide conocer si sería válido para el diagnóstico temprano de la enfermedad de Párkinson, aunque sí se mostró efectivo en el diagnóstico diferencial en fases avanzadas.

Pero la tecnología que más se ha empleado durante la cuarentena no han sido estas Apps sino las llamadas telefónicas y el material de apoyo creado al efecto mediante una serie de vídeos grabados que han sido compartidos para que los pacientes sigan a su ritmo los ejercicios de rehabilitación que realizaban previo a la cuarentena.

Es decir, y tal y como se ha producido en el ámbito de la educación, los vídeos se han mostrado como un importante apoyo para los pacientes para que puedan realizar sus ejercicios sin precisar moverse de su domicilio.

Hay que indicar que previo al confinamiento ya existían investigaciones encaminadas a evaluar la eficacia de la teleasistencia en el ámbito de la enfermedad de Párkinson, al respecto cabe indicar que a medida que avanza la enfermedad, junto con la sintomatología propia se pueden presentar complicaciones, como son las lesiones producidas por caídas, dificultades para realizar las tareas más comunes del día a día, incluso para comer o tragar, por lo que en muchos casos estas personas son hospitalizadas para ser atendidas en centros especializados con lo que poder ayudarles en su desempeño diario, pero ¿se puede mejorar la calidad de vida del paciente con Párkinson avanzado desde su domicilio?

Esto es precisamente lo que ha tratado de averiguarse con una investigación realizada desde la Universidad de Florida; junto con la Universidad de Brown; la Universidad del Estado de Michigan; la Escuela de Medicina Wake Forest; la Clínica Scripps Torrey Pines y el Centro de Salud Norton (EE. UU.). El objetivo de este estudio ha sido evaluar si la intervención en el domicilio de los pacientes con la enfermedad de Párkinson podría mejorar su calidad de vida reduciendo de este modo la necesidad de que fuesen ingresados en los hospitales y centros sanitarios.

En el estudio participaron siete pacientes, todos ellos diagnosticados con la enfermedad de Párkinson, y que además tenían dificultades en el acceso a los servicios sanitarios especializados debido a la lejanía o al coste del transporte.

Para ello se implementó un tratamiento experimental denominado Operation House Call, donde los participantes eran supervisados y evaluados a los tres y seis meses de la incorporación de esta tecnología, para comprobar los efectos positivos en la salud de los pacientes, y sobre todo para analizar si se producía o no una reducción en la necesidad de uso de establecimientos hospitalarios debido a alguna complicación.

Para analizar la eficacia de la intervención se tuvo en cuenta el historial de asistencia hospitalaria de cada paciente, así como los resultados obtenidos en las escalas estandarizadas para determinar si se produjo algún avance en cuanto a la sintomatología de la enfermedad mediante el Unified Parkinsons Disease Rating Scale; igualmente se empleó para la evaluación de síntomas clínicos mediante Clinical Global Impressions Scale.

La intervención consistía en sustituir la asistencia hospitalaria, e incluso especializada en el domicilio, por un servicio a distancia, que incluyen videos temáticos, con recomendaciones y consejos, para aumentar la calidad del paciente con la enfermedad de Párkinson en su propio domicilio.

Los resultados muestran que se produce una mejora considerable en cuanto a la calidad de vida de los pacientes pues ninguno de ellos, ni en tres, ni en seis meses, requirieron de intervención hospitalaria Lo que supone un éxito ya que tampoco precisaron de asistencia especializada en el domicilio.

Pero la tecnología no solo acerca la atención clínica al domicilio del paciente, sino que también es útil para combatir el aislamiento y el sentimiento de soledad, pues como se ha comentado en las fases avanzadas de la enfermedad es habitual que el paciente pueda sentirse "avergonzado" y no quiera dar explicaciones de sus movimientos involuntarios a los demás, por lo que tenga un comportamiento de retraimiento social, y en algunos casos de aislamiento.

Hoy en día y gracias a la tecnología es posible estar conectado desde la casa con cualquier persona, a pesar de lo cual, el paciente de Párkinson puede seguir sintiéndose incómodo cuando tiene que atender una videoconferencia ya que se evidencian sus dificultades motoras y sus temblores, en este caso ¿cómo podría ayudar la tecnología?

Esto es lo que se ha tratado de averiguar con una investigación realizada desde el Departamento de Neurología de la Universidad Clínica de Kepler; junto con el Departamento de Empresas Informáticas e Ingeniería de la Información de la Universidad Johannes Kepler; y la Escuela de Dirección de la Universidad Aplicada de Ciencia Austriaca (Austria). En el estudio participaron 40 adultos, mayores de 60 años, de los cuales la mitad sufría la enfermedad de Párkinson.

Los participantes debían realizar una tarea frente al ordenador, en diversas condiciones experimentales, con o sin avatar; avatar con cara de su mismo género o diferente... y se observó la ejecución de la tarea en función del avatar con el que interactuaba.

Hay que recordar que un avatar es un personaje bidimensional o tridimensional que sirve para actuar en los mundos virtuales.

Los resultados muestran una preferencia significativa por los avatares frente a las fotos, aunque estas no fueron significativas comparado con el grupo control.

Hay que tener en cuenta, tal y como señalan los autores que se trata de una primera aproximación, un estudio exploratorio al uso de avatares en pacientes con Párkinson.

Una vez establecidas las bases sobre qué es lo que funciona o no con ellos, se podrán diseñar programas orientados específicamente a combatir la soledad a través de estos avatares.

A pesar de haberse encontrado beneficios en el uso de avatares como agente socializador, no ha resultado suficientemente significativo frente al grupo control, lo que indica que sus efectos no se ven modulados por la enfermedad, algo que es una buena noticia si tenemos en cuenta que cualquier avance tecnológico en este ámbito se puede aplicar a estos pacientes.

Referencias Bibliográficas

Barrantes S, Sánchez Egea AJ, González Rojas HA, Martí MJ, Compta Y, Valldeoriola F, et al. Differential diagnosis between Parkinson's disease and essential tremor using the smartphone's accelerometer. PLoS One 2017;12. https://doi.org/10.1371/journal.pone.0183843.

Beck AT, Ward CH, Mendelson M, Mock J, Erbaugh J. An Inventory for Measuring Depression. Arch Gen Psychiatry 1961;4:561–71. https://doi.org/10.1001/archpsyc.1961.01710120031004.

Bhidayasiri R, Tarsy D. Parkinson's Disease: Hoehn and Yahr Scale. Curr Clin Neurol 2012;36:4–5. https://doi.org/10.1007/978-1-60327-426-5_2.

Burgess S, Rasmusson X. Parkinson's narratives: Onset experiences and perceived benefits of preferred physical activity. Adv Soc Sci Res J 2016;3.

Busner J, Targum SD. The clinical global impressions scale: applying a research tool in clinical practice. Psychiatry (Edgmont) 2007;4:28–37.

Chaudhuri KR, Pal S, DiMarco A, Whately-Smith C, Bridgman K, Mathew R, et al. The Parkinson's disease sleep scale: a new instrument for assessing sleep and nocturnal disability in Parkinson's disease. J Neurol Neurosurg \& Psychiatry 2002;73:629–35.

Gal O, Srp M, Konvalinkova R, Hoskovcova M, Capek V, Roth J, et al. Physiotherapy in Parkinson's disease: building ParkinsonNet in Czechia. Park Dis 2017;2017.

Hack N, Akbar U, Monari EH, Eilers A, Thompson-Avila A, Hwynn NH, et al. Person-centered care in the home setting for parkinson's disease: Operation house call quality of care pilot study. Parkinsons Dis 2015;2015. https://doi.org/10.1155/2015/639494.

Hamilton M, Guy W. Hamilton depression scale. Group 1976;1:4.

Javor A, Ransmayr G, Struhal W, Riedl R. Parkinson patients' initial trust in avatars: Theory and evidence. PLoS One 2016;11. https://doi.org/10.1371/journal.pone.0165998.

Jenkinson C, Fitzpatrick R, Peto V, Dummett S, Morley D, Saunders P. The Parkinson's Disease Questionnaires User Manual. 2012.

Kurlan R, Evans R, Wrigley S, McPartland S, Bustami R, Cotter A. Tai Chi in Parkinson's Disease: A Preliminary Randomized, Controlled, and Rater-Blinded Study. Adv Park Dis 2015;04:9–12. https://doi.org/10.4236/apd.2015.41002.

Martínez-Martín P, Gil-Nagel A, Gracia LM, Gómez JB, Martínez-Sarriés J, Bermejo F. Unified Parkinson's disease rating scale characteristics and structure. Mov Disord 1994;9:76–83. https://doi.org/10.1002/mds.870090112.

McKay JL, Bozzorg A, Nocera J, Hackney ME. The Influence of Parkinson's Disease and Neurotypical Aging on Cognitive Performance Among Volunteers for an Exercise-based Rehabilitative Intervention. BioRxiv 2017:126607.

Merrilees J. Activities of Daily Living. Encycl. Neurol. Sci., Elsevier Inc.; 2014, p. 47–8. https://doi.org/10.1016/B978-0-12-385157-4.00464-4.

MoCA Montreal - Cognitive Assessment n.d. https://www.mocatest.org/ (accessed December 19, 2020).

Moreno JA, Halliday M, Molloy C, Radford H, Verity N, Axten JM, et al. Oral treatment targeting the unfolded protein response prevents neurodegeneration and clinical disease in prion-infected mice. Sci Transl Med 2013;5:206ra138-206ra138. https://doi.org/10.1126/scitranslmed.3006767.

Parkinson's Disease Activities of Daily Living Scale | RehabMeasures Database n.d. https://www.sralab.org/rehabilitationmeasures/parkinsons-disease-activities-daily-living-scale (accessed December 19, 2020).

Peacock CA, Sanders GJ, Wilson KA, Fickes-Ryan EJ, Corbett DB, Ridgel AL. Effects of an exercise intervention on body composition in older adult males diagnosed with Parkinson's disease: A brief report. Physiother Rehabil 2016;1:2.

Tsanas A, Little MA, McSharry PE, Ramig LO. Nonlinear speech analysis algorithms mapped to a standard metric achieve clinically useful quantification of average Parkinson's disease symptom severity. J R Soc Interface 2011;8:842–55. https://doi.org/10.1098/rsif.2010.0456.

Uchitomi H, Ogawa KI, Orimo S, Wada Y, Miyake Y. Effect of interpersonal interaction on festinating gait rehabilitation in patients with Parkinson's disease. PLoS One 2016;11. https://doi.org/10.1371/journal.pone.0155540.

Yang JH, Wang YQ, Ye SQ, Cheng YG, Chen Y, Feng XZ. The effects of group-based versus individual-based tai chi training on nonmotor symptoms in patients with mild to moderate Parkinson's disease: a randomized controlled pilot trial. Park Dis 2017;2017.

Yesavage JA. Geriatric depression scale. Psychopharmacol Bull 1988;24:709–11.

Yu J, Li J, Huang X. The Beijing version of the montreal cognitive assessment as a brief screening tool for mild cognitive impairment: A community-based study. BMC Psychiatry 2012;12. https://doi.org/10.1186/1471-244X-12-156.

Tratamiento Quirúrgico de la Enfermedad de Parkinson: Pasado, Presente y Futuro

Prof. Dr. Fabián Cremaschi

Con la colaboración de:

Dr. Alejandro Vázquez. Médico Neurocirujano. Servicio de Neurocirugía, Hospital Santa Isabel de Hungría, Mendoza, Argentina.

Renzo Fausti; Enzo Duca; Martín Glantz y Víctor Núñez. Estudiantes de Medicina del Área de Neurología Clínica y Quirúrgica, del Departamento de Neurociencias

Facultad de Ciencias Médicas de la Universidad Nacional de Cuyo (Argentina).

Correspondencia: fabiancremaschi@gmail.com

Introducción al tratamiento quirúrgico

La enfermedad de Parkinson es un trastorno neurodegenerativo crónico, progresivo, causado por la muerte de neuronas productoras de una sustancia química llamada dopamina en un área específica del cerebro. La disminución de la dopamina produce una disfunción de un circuito cerebral específico (vía nigroestriada), lo cual lleva a que los pacientes manifiesten las características clínicas de lentitud en los movimientos (bradicinecia), temblor y rigidez muscular.

A pesar de los grandes adelantos de los últimos años, tanto en el diagnóstico como en el tratamiento, la enfermedad permanece siendo incurable. Es por esto que los médicos estamos abocados a tratamientos que mejoren significativamente la calidad de vida de los enfermos y de sus cuidadores.

Los tratamientos son de diversos tipos y se deben complementar entre sí. Lo más importante es comenzar con los tratamientos no farmacológicos, que se deben instaurar a todos los pacientes y deben ser continuados de por vida.

A los pacientes se le plantea como una pirámide, como se muestra en la figura, siendo la **educación** del paciente y su entorno, lo más importante. Hoy tenemos mucha información disponible, pero no toda es de la mejor calidad científica y el paciente suele terminar más confundido y ansioso si no es orientado correctamente. La educación correcta es, por lo tanto, la base del resto del tratamiento. Consideramos que el "paciente" no debe ser "pasivo" sino que tiene que ser un **"enfermo activo"** desde el inicio y no esperar que el personal de salud o su entorno haga todo por él. Tiene todas las herramientas disponibles para ser un protagonista de su propio tratamiento.

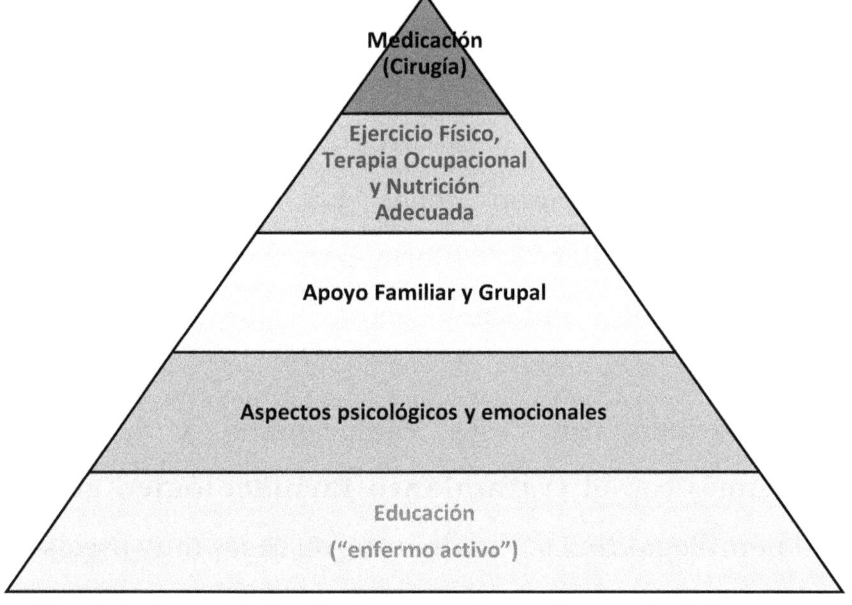

Recibir la noticia de tener esta enfermedad hace que el paciente y su entorno se vean conmovidos y afectados anímicamente. Los **aspectos psicológicos y emocionales**, por lo tanto, son fundamentales. No hay tratamiento efectivo si el paciente sufre de trastornos del ánimo, ya que por más que esté bien medicado, un paciente muy estresado va a seguir temblando en forma incontrolable, corriendo el riesgo de aumentar la medicación, con los efectos secundarios que esto conlleva, cuando una estrategia más efectiva es controlar la ansiedad y/o depresión de base. El **apoyo al entorno familiar**, para "cuidar al cuidador" es también otro aspecto de suma importancia. Toda la familia se ve afectada, especialmente al inicio de la enfermedad y esto no debe ser minimizado. La **actividad física, la terapia ocupacional y la nutrición** cumplen un rol fundamental ya que la medicación o la cirugía por sí sola no son suficiente para mejorar todos los aspectos motores complejos que conlleva la enfermedad. Esto complementa el concepto de "enfermo activo" que comentamos previamente.

Cuando todo esto está comprendido y aceptado, comenzamos con el **tratamiento farmacológico** guiado por el neurólogo clínico. Finalmente, en casos muy precisos, evaluamos la posibilidad de realizar alguno de los tantos **tratamientos quirúrgicos** que disponemos en la actualidad. El problema que nos encontramos es que el paciente muchas veces tiene una visión opuesta: consulta para que le coloquemos el "chip" en el cerebro y lo "cure" apenas le han hecho el diagnóstico de la enfermedad. Esta es muchas veces la visión del paciente y/o el acompañante:

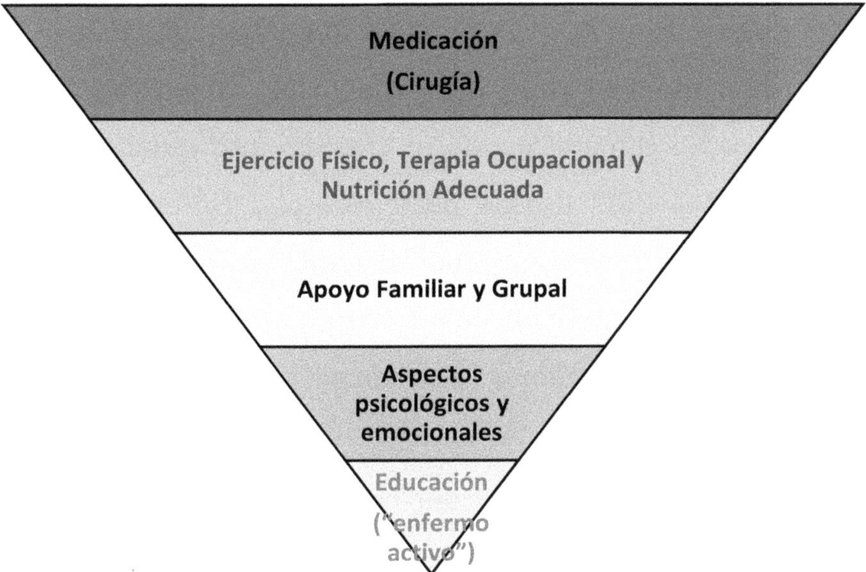

Para ser lo más práctico posible y resumiendo los más de 15 años de experiencia personal y 70 años de historia de este tratamiento en forma global, discutiremos las 10 preguntas más frecuentes que nos hacen los pacientes:

-¿Es para todos los pacientes? ¿Quién debe tratarse?

-¿Quién debe tratarla?

-¿Es efectivo? ¿Es seguro?

-¿Es costo-efectivo?

-¿Es nuevo? ¿Es experimental?

-¿Hace mucho que se hace tratamiento de neurocirugía funcional?

-¿Cuántos tipos de cirugía hay?

-¿Cómo es la cirugía?

-¿Qué pasa después de la cirugía?

-¿Cuál es el futuro de la Neuromodulación?

- ¿Es para todos los pacientes? ¿Quién debe tratarse?

En Medicina, no todos los tratamientos son para todos los pacientes. Se considera que el tratamiento quirúrgico es para el 20 – 30% de los pacientes con Enfermedad de Parkinson. Entonces, ¿cómo sabemos a quién operar? ¿Quién se va a beneficiar de las cirugías? ¿Es para mí? Los cientos de publicaciones científicas sobre este tipo de tratamiento hacen que la selección del paciente esté basado en protocolos de evaluación muy rigurosos y sistematizados.

Es muy importante seleccionar al paciente que se va a beneficiar de este tratamiento. Para esto, lo primero es lo más obvio: diagnosticar fehacientemente que el paciente tenga la **enfermedad de Parkinson primaria** y no otro tipo de parkinsonismos. Esto, que parece una verdad de Perogrullo, no siempre es sencillo de entender para el paciente o para el médico sin experiencia en el tema.

Hay aproximadamente 80 enfermedades, denominados parkinsonismos, que son parecidas, pero no iguales a la Enfermedad de Parkinson primaria. Por lo tanto, nosotros hacemos la siguiente evaluación inicial que nos orienta en la elección del candidato:

Enfermedad de Parkinson idiopático, de acuerdo a los criterios de la "Parkinson Desease Society Brain Bank" (Giba & Lees, 1989; Highes et. Al. 1992).
Enfermedad de Parkinson idiopático, con un mínimo de 5 (cinco) años de evolución.
Inadecuado control de los síntomas a pesar del tratamiento farmacológico óptimo. Debe acreditarse que, al menos una vez, hubo una respuesta, aunque la misma haya sido pobre.
Ausencia de problemas médicos que interfieran con la intervención propuesta. No hay coagulopatías, HTA crónica no tratada, insuficiencia hepática, renal, pulmonar o cardíaca.
Respuesta superior al 33% en la Subescala III UPDRS, luego de la estimulación dopaminérgica con la prueba de L-Dopa o Apomorfina.
Significativo impacto funcional durante gran parte del día (por ejemplo, imposibilidad para caminar, necesidad de asistencia para realizar las actividades cotidianas).
Esquema farmacológico optimizado y estable al menos durante los tres meses previos a la intervención.
Ausencia de demencia. (Resultado en la Escala de Mattis > 130/134).
Ausencia de psicosis.
Ausencia de depresión severa y/o ideación suicida.
Paciente cooperador, motivado para ser operado y capaz de completar las auto-evaluaciones.
Paciente capaz de dar su consentimiento.
Estudios por imágenes de no más de un año de realizados, que descarten patología orgánica cerebral o atrofia severa.

El Neurólogo Clínico conoce perfectamente cómo utilizar los protocolos diagnósticos para asegurarse que sea una verdadera enfermedad de Parkinson primaria, incluyendo el uso de diversas escalas diagnósticas y el complemento de las modernas imágenes estructurales y funcionales del cerebro.

Además de tener enfermedad de Parkinson, debe haber pasado **por lo menos 4 o 5 años desde el diagnóstico**, haber tenido una **excelente respuesta inicial a la levodopa** y que se considere **refractaria al tratamiento conservador**.

De esto se desprende un concepto muy importante, que es el de la "refractariedad". El paciente refractario es aquel que, luego de 4 o 5 años del inicio del tratamiento como lo explicamos previamente, el neurólogo clínico ha agotado todas las posibilidades de tratamiento y **la lentitud, rigidez o temblor altera significativamente la calidad de vida del paciente**.

Otra situación factible de considerar la cirugía es que la medicación produce efectos secundarios que son tanto o más severos e incapacitantes que la enfermedad misma, como son las **disquinesias o discinesias**.

Las disquinesias son un tipo de movimientos anormales fluctuantes, diferentes al temblor, que dependen de la medicación y aparecen después de varios años de tratamiento con levodopa.

Recordemos que los fármacos actúan en todo el

organismo, pudiendo producir también daño en riñones e hígado, siendo "máximamente invasivos", contra las actuales técnicas quirúrgicas que son "mínimamente invasivas" ya que son localizadas.

Aproximadamente el 50% de los pacientes tienen disquinesias luego de 5 años con levodopa y ese porcentaje aumenta con más años de tratamiento.

Además de lo neurológico, se debe evaluar **aspectos psicológicos, psiquiátricos y neuropsicológicos** para determinar si está en condiciones de ser operado y también nos ayuda a saber qué tipo de cirugía se le puede ofrecer al paciente, ya que algunas técnicas pueden empeorar cuadros psiquiátricos o neurológicos preexistentes, como algún tipo de demencia o depresión. Por lo tanto, **no debe presentar depresión ni demencia**. Nosotros recomendamos la **psicoprofilaxis prequirúrgica**, que es poner en condiciones anímicas al paciente y su entorno familiar.

También se hace un exhaustivo **estudio clínico, cardiológico, hematológico, odontológico, oftalmológico, infectológico y anestesiológico** para evaluar y poner en óptimas condiciones al paciente y determinar si está, o no, en condiciones clínicas para ser operado.

En relación a la **edad del paciente**, ya no se considera

una contraindicación formal tener más de 70 años, ya que se evalúa a cada paciente en particular. Lo deseable es operar al paciente lo más joven posible, cumpliendo con los requisitos previamente mencionados ya que el cerebro joven responde mejor a la cirugía por su plasticidad.

Es importante que **el paciente conozca, acepte y tolere el procedimiento**, y es por esto que en este Capítulo le dedicaremos un espacio importante a la técnica quirúrgica.

Finalmente, pero no menos importante, debemos **considerar las expectativas**, que deben ser realista.

Nos ha pasado, al inicio de nuestra práctica hace muchos años, que, ante cirugías objetivamente exitosas, los pacientes o familiares no estaban satisfechos ya que, a pesar de hablarlo extensamente, los pacientes creían íntimamente que la cirugía era "curativa", cuando lo primero que se aclara es todo lo contrario.

- ¿Quién debe tratarla?

Sin duda alguna, los pacientes deben ser evaluados y tratados por un **equipo transdiciplinario con experiencia en el tema**. Nuestro equipo está constituido por neurocirujanos, neurólogos, psicólogos, psiquiatras, neuropsicólogos, médicos especialistas en imágenes de cerebro, físicos médicos y bioingenieros, entre muchos otros.

En equipo se decide las tres etapas de la cirugía: **elección del paciente candidato**, **elección de la técnica quirúrgica** más adecuada para ese paciente y se planifica el **seguimiento del paciente** de acuerdo a la técnica seleccionada.

- ¿Es efectivo? ¿Es seguro?

Luego de saber quién se puede operar y quién lo va a tratar, la pregunta siguiente es saber "si hay garantía de que todo va a salir bien". **No damos garantía en Medicina**. La realidad es que se garantiza los medios, pero no los resultados. Si alguien garantiza el 100% de la efectividad de un tratamiento médico, está faltando a la verdad. Esto no significa que no sea efectivo o inseguro; todo lo contrario. Desde las primeras cirugías de los trastornos del movimiento en 1947 hasta la fecha, los resultados han mejorado considerablemente.

Los avances tecnológicos desde la década del 80, con el advenimiento de la tomografía axial computarizada (TAC), luego con las imágenes por resonancia magnética (IRM), los nuevos equipos de monitoreo intraoperatorios, los nuevos programas informáticos para la planificación quirúrgica y la gran experiencia acumulada, hace que la cirugía sea **muy efectiva** en los pacientes correctamente seleccionados.

De acuerdo a los estándares internacionales, hay una mejoría de aproximadamente 70 – 80% de la enfermedad en el 70 – 80% del total de pacientes. Esto significa que 7 a 8 pacientes de 10, van a tener una mejoría muy significativa de los síntomas motores con la cirugía y el resto, van a tener una mejoría menos significativas. Esto depende de muchos factores, como la edad del paciente, los años de duración de la enfermedad y el deterioro producido por la misma y si el paciente tiene otras enfermedades concurrentes.

Como mencionamos, la tendencia actual es operar a pacientes más jóvenes, ya que responden mejor que los pacientes ancianos. Cabe aclarar que la efectividad se observa principalmente en los **síntomas motores "laterales"** de la enfermedad; esto es, en las extremidades (brazos y piernas).

Los **síntomas "axiales"** (los del eje o parte del medio del cuerpo), como dificultad en la marcha, en el equilibrio o la dificultad para tragar o hablar, responden parcialmente al tratamiento, tanto farmacológico como quirúrgico. Por eso le recordamos al paciente que, lo que le mejoró el tratamiento con levodopa al inicio, la cirugía también lo va a mejorar y viceversa. También es **muy segura**, ya que los adelantos tecnológicos mencionados han permitido que el mismo procedimiento quirúrgico tenga muy poca morbilidad (complicaciones) y una mortalidad prácticamente nula. Es importante mencionar que las mejoras en el campo de la **Anestesiología** hace que se pueda operar con pacientes sedados y despiertos en forma indolora, mucho más rápido y más seguro.

- ¿Es costo-efectivo?

Esta es una pregunta muy válida en países de Latinoamérica, donde no todos los pacientes tienen acceso gratuito a ciertos tratamientos de alta complejidad y temen no poder ser operados porque el financiador no se lo costea y no lo pueden pagar ellos mismos. A veces hay que recurrir a litigios, con el argumento de que es "caro" y que no vale la pena "gastar tanto dinero" en el tratamiento que el paciente merece y necesita.

Por lo contrario, el tratamiento **sí es costo efectivo** y la muestra más clara es que hace unos 30 años, había sólo una empresa a nivel mundial que fabricaba los estimuladores cerebrales profundos para realizar el tipo de cirugía más moderna, y ahora hay muchas empresas que se han incorporado a este mercado cada vez más competitivo y rentable. Pero para dar una respuesta científica, debemos analizar más profundamente diversos conceptos básicos.

Iniciamos con la diferencia entre el "precio" y el "valor"

de un tratamiento médico. El **"precio"** es el valor monetario que se le asigna a un bien, mientras que el **"valor"** hace referencia a la utilidad del bien o servicio, y no necesariamente se relaciona en forma directa con el precio. Sabemos que muchas veces, especialmente en salud, "lo barato sale caro".

Teniendo en cuenta el punto de visto del agente financiador que paga la cirugía, hay que diferenciar el concepto de **"impacto presupuestal"**, que responde a la pregunta: ¿tengo suficiente dinero para pagar la cirugía?, y el de "costo-efectividad", que se debe responder a ¿cuánto nos costará este tratamiento en relación con el que ya tenía el paciente? Como médico, debo reconocer que la inversión inicial es alta, pero la efectividad del tratamiento hace que la inversión se recupere, especialmente en el caso de la Estimulación cerebral profunda (*Deep Brain Stimulation* o *DBS*, que es el marcapaso cerebral).

Hay otras dos variables también muy importantes: **"costo-utilidad"**, que mide el impacto de la inversión en la salud y **"costo-beneficio"**, que es el beneficio expresado en unidades monetarias. Para hacerlo sencillo, es lo que nos indica si una terapia, a largo plazo, es más o menos económica para el financiador y, por ende, para la sociedad entera.

Finalmente, en los últimos años se le da cada vez más

importancia al concepto de **"Qualy"** (*quality-adjusted life-year*) o **año de vida ajustado por calidad**. Este concepto analiza la cantidad y la calidad de vida y se utiliza para valorar la rentabilidad de las intervenciones médicas, donde 1 QALY equivale a un año en perfecto estado de salud. Los QUALY se utilizan para cuantificar la efectividad de una nueva terapia (cirugía) versus la actual (medicamentos y rehabilitación integral).

Los estudios científicos publicados en los últimos años han demostrado un claro beneficio económico de estas terapias, por lo tanto, podemos decir que, si bien el "precio" es alto, es una "inversión" inicial elevada que, por su alto "valor", redunda en un claro "costo-beneficio" a favor del paciente, pero también del agente financiador.

Lo que le tiene que quedar claro al paciente es que no solo no está perjudicando al financiador, sino que lo está beneficiando económicamente en el plazo medio y largo.

- ¿Es nuevo? ¿Es experimental?

No. **No es un tratamiento nuevo ni experimental**. La primera experiencia de cirugía con la técnica estereotáctica data de 1908, en una experiencia realizada por el neurofisiólogo y neurocirujano Sir Victor Horsley (1857 - 1916) y su asociado Robert Henry Clarke (1850 - 1926), un matemático.

Ellos desarrollaron una herramienta que podía localizar estructuras intracraneales en los tres ejes del espacio utilizando el sistema de coordenadas cartesianas espaciales, que denominaron "aparato estereotáctico". Algunas veces se lo denomina también "marco estereotáctico".

Si bien Horsley y Clarke pensaron que su experiencia podía ser útil para operar cerebros humanos, tuvieron que pasar casi 40 años para que los conceptos sobre la fisiología y anatomía del sistema nervioso central sean suficientemente precisos para determinar apropiadamente los blancos terapéuticos que se podían alcanzar. Así, recién en 1947 se desarrolló y utilizó el primer marco estereotáctico para uso humano creado por Ernst A. Spiegel (1895–1985), neurólogo director de cirugía experimental en el Temple Medical School en Filadelfia y por el neurocirujano Henry T. Wycis (1911–1971). El primer paciente operado fue, justamente, un paciente sufriente de trastornos del movimiento y su experiencia fue publicada en la prestigiosa revista Science ese mismo año. Por lo tanto, ya tenemos una experiencia acumulada de 73 años en la técnica estereotáctica para cirugía de este tipo de enfermedades.

En relación a esto, cabe destacar que, en Mendoza, Argentina, se realizó la primera cirugía en un paciente con

Enfermedad de Parkinson en 1966, efectuada por el Dr. Celman Sejanovich, a quien posteriormente le siguió el Dr. Bernardo Odoriz en las décadas del 70 y 80 y finalmente, el Dr. Fabián Cremaschi a partir de 2004 las técnicas ablativas y, desde 2008, los modernos procedimientos de Estimulación Cerebral Profunda, siendo la primera experiencia en la región.

- ¿Hace mucho que se hace tratamiento de neurocirugía funcional y neuromodulación?

Se considera que la neurocirugía es una de las prácticas médico-quirúrgicas más antiguas de la humanidad. Existen hallazgos arqueológicos de trepanaciones craneales (el procedimiento de perforar el cráneo hasta la duramadre con una herramienta ad-hoc) que datan del año 10.000 a. C.

También hay evidencia que esta práctica era relativamente frecuente en algunas civilizaciones de Europa, África, Asia y América, sin contacto cultural entre ellas. Por ejemplo, diversas excavaciones encontraron cráneos trepanados en Egipto, que datan de los años 2.000 a 1.700 a. C. y otras en el sur de India, que demuestra la práctica de la trepanación en ese territorio desde el año 1.540 a. C.

Las culturas americanas no fueron la excepción en

practicar esta intervención. Investigaciones arqueológicas en México y a lo largo de toda Sudamérica, incluyendo el cercano Perú, ponen en evidencia a la trepanación craneal como primera aproximación a la neurocirugía en las civilizaciones precolombinas, con el descubrimiento de cráneos trepanados a lo largo de todo el continente que datan del año 400 a. C. Esto se mantuvo en el tiempo, ya que se encontraron más cráneos trepanados que datan del año 1500 d. C. en la región de Cusco, Perú. Se considera que la práctica de la trepanación en este caso estaba asociada a las creencias religiosas de la cultura incaica.

Las antiguas trepanaciones se realizaban con instrumentos primitivos, puntiagudos y filosos similares a puntas de flecha derivados de la obsidiana, durante cientos de años después cuando aparecieron los instrumentos de bronce. El análisis de los cráneos trepanados encontrados en Cusco demuestra que los incas conocían la anatomía del cráneo, ya que evitaban perforar ciertas áreas y empleaban métodos que reducían el daño a las estructuras cerebrales que consideraban importantes. Para ello se valían de un instrumento ceremonial llamado Tumi, herramienta de una sola pieza que podía ser de oro, plata, bronce, cobre o piedra.

El hecho de producir lesiones en zonas específicas del cráneo, con la finalidad posible de un tratamiento dirigido a una posible enfermedad cerebral, nos da un indicio de la importancia de la localización exacta del abordaje al cerebro para no producir daños colaterales. Este concepto prehistórico se mantiene en la actualidad. Siendo la base de la técnica utilizada en la actualidad para operar la enfermedad de Parkinson, que es la técnica estereotáctica.

- ¿Cuántos tipos de cirugía hay?

Hemos visto que la Neurocirugía Funcional data de la era Precolombina y que se vienen operando pacientes con trastornos del movimiento hace más de 70 años en la época moderna. De la década del 40 hasta fines del 60 era prácticamente la mejor alternativa hasta que surgió la levodopa. En los últimos 30 años se ha visto un fuerte resurgimiento ya que un grupo importante de pacientes dejaban de responder a la medicación o la misma presentaba efectos adversos que eran peores que el tratamiento original, como las disquinesias que ya mencionamos.

En términos muy generales, podemos decir que hay dos grandes tipos de cirugías para tratar la enfermedad de Parkinson: las **ablativas o lesionales** y las **funcionales o de neuromodulación**, donde se coloca una especie de "marcapasos" o "chip" cerebral, como dicen los pacientes. Mediante estas técnicas, se trata no solo la enfermedad de

Parkinson, sino también otros tipos de temblores (temblor esencial benigno), epilepsias, enfermedad de Alzheimer, distonía, espasticidad, dolor y trastornos del sistema límbico, como depresión mayor, agresividad incoercible, trastorno obsesivo compulsivo (TOC), enfermedad de Gilles de la Tourette, obesidad, anorexia nerviosa y otras enfermedades cerebrales.

Cabe mencionar que un tercer tipo de cirugía, los **implantes de células neuronales productoras de dopamina**, usualmente embrionarias, aún no han tenido los resultados suficientes como para recomendarlos a nuestros pacientes a pesar de que se utilizan desde la década de los 80.

Técnicas ablativas o lesionales

Las técnicas ablativas o lesionales consisten en hacer una pequeña lesión de escasos milímetros en una zona precisa del cerebro que modula el sistema motor afectado por la enfermedad. La lesión se realiza mediante el calor generado a partir de la corriente alterna de frecuencia media (**radiofrecuencia**), aunque antiguamente se utilizaban sustancias químicas (alcohol) o frío (crioablación). Otra forma de producir una lesión es mediante **radiocirugía**, por la convergencia de múltiples haces de radiación ionizantes, como las que se utiliza para el tratamiento del cáncer, en el blanco cerebral determinado.

Finalmente, en los últimos años ha surgido la cirugía ablativa mediante **ultrasonido focalizado de alta intensidad** (*High-Intensity Focused Ultrasound* o *HIFU*), que consiste en la aplicación de un haz de ultrasonido de alta frecuencia y alta energía para producir destrucción celular de las células objetivo, semejante a la radiocirugía, por elevación de la temperatura entre 55-100 °C, semejante a la ablación por radiofrecuencia. La lesión es muy focalizada, respetando los tejidos circundantes, sin radiación ionizante y el paciente regresa a su casa el mismo día. Esta tecnología se encuentra disponible en España y en algunos países latinoamericanos.

Resumiendo, hay 3 técnicas ablativas disponibles: radiofrecuencia, radiocirugía y HIFU, siendo la primera la más utilizada.

Técnicas funcionales o de Neuromodulación

La **Neuromodulación** es el campo de la ciencia, medicina y bioingeniería que emplea tecnología implantable y no implantable, eléctricas o químicas, sobre la interfase neuronal, con la finalidad de mejorar la calidad de vida. En este caso, es el implante de un sistema de **Estimulación Cerebral Profunda** o **ECP** (*Deep Brain*

Stimulation o *DBS*), que consiste en un electrodo que se coloca y se deja en ciertos lugares específicos del cerebro, conectados a una batería que genera los impulsos eléctricos que llegan al electrodo. La batería puede ser recargable o no.

Otros métodos de neuromodulación, como la estimulación de la corteza motora o la estimulación medular, se utilizan menos frecuentemente.

El primer implante se efectuó en 1987, por el neurocirujano francés Alim Louis Benabid. Desde entonces, el impacto positivo que ha tenido la técnica a nivel global ha hecho que la Neuromodulación en general y el Dr. Benabid en particular, haya sido postulado al Premio Nobel de Medicina en forma merecida por la revolución en el impacto positivo que estas técnicas han producido en la Medicina.

Ventajas y desventajas de cada técnica

Ambas técnicas se siguen realizando en forma rutinaria en el año 2020 ya que, desde el punto de vista objetivo de su eficacia clínica, tienen resultados positivos semejantes.

Sin embargo, cada una tiene sus particularidades que tomamos en cuenta en cada caso en particular. Por eso insistimos que no existe "la cirugía del Parkinson", sino diversas técnicas que se deben personalizar a cada paciente de la misma manera que un sastre hace un traje a medida, en forma artesanal.

La mayor ventaja de la ablación por radiofrecuencia es su sencillez, efectividad y bajo costo. Al no dejar ningún material en el organismo, no hay riego de infecciones ni rechazo. La desventaja es que se puede realizar solamente en forma unilateral y esperar 9 a 12 meses para hacer una lesión contralateral.

Por otro lado, la lesión es irreversible y no ajustable en el tiempo, por lo tanto, con el avance de la enfermedad, su efecto se pierde con los años. Sin embargo, esto es una ventaja para aquellos pacientes que viven en zonas alejadas y cuyo control frecuente no es posible.

Por su parte, la ECP tiene la ventaja de ser un procedimiento **reversible** ya que, en el infrecuente caso de no alcanzar los resultados óptimos, los dispositivos implantados pueden retirarse del cerebro, volviendo el paciente a su estado anterior.

Además, los parámetros de estimulación son **ajustables** de forma semejante a la dosificación de un medicamento, persistiendo su eficacia en forma indefinida.

Usualmente operamos en forma bilateral consiguiendo un mejor control de la enfermedad en forma inmediata. La desventaja más importante es el costo inicial elevado, aunque ya vimos que, a mediano y largo plazo, es más costo efectivo que el tratamiento farmacológico.

La ECP requiere del paciente un control postoperatorio estricto y prolongado para la programación del paradigma de estimulación adecuado. En neuromodulación decimos que “nos casamos con el paciente pero que, a diferencia de nuestros cónyuges, del paciente no nos podemos divorciar”.

Esto entraña sus dificultades, especialmente para los pacientes que habitan en zonas alejadas del centro médico de referencia. Al dejar un elemento implantado, puede infectarse, romperse o moverse. Si bien es muy poco frecuente, en ciertos casos nos vemos obligados a la explantación del sistema.

- ¿Cómo es la cirugía?

No hay cirugía del cerebro que no cause temor y ansiedad en las personas. Por esto, mientras más sepa el paciente del procedimiento es más sencillo controlar su estrés.

Tanto las cirugías lesionales como las funcionales tienen como base la **técnica estereotáctica**. Es una técnica neuroquirúrgica mínimamente invasiva mediante la cual, basándose en estudios de imágenes (TAC, RNM, PET, otras) y cálculos matemáticos mediante programas informáticos sofisticados, permite acceder con mucha precisión a un punto específico en la profundidad del sistema nervioso.

Creado por Gustavb. Creative Commons. https://commons.wikimedia.org/wiki/File:Cartesian_coordinates_2D.svg (consultado el 05 de febrero de 2020, a las 12:06 horas).

Se trasladan las medidas de las tres coordenadas espaciales (X, Y, Z) y dos ángulos (alfa y beta) al **aparato o marco estereotáctico**, que nos conducen con absoluta precisión al blanco cerebral elegido, como un verdadero "GPS" cerebral, llegando a zonas del cerebro que serían inaccesibles mediante cirugía abierta.

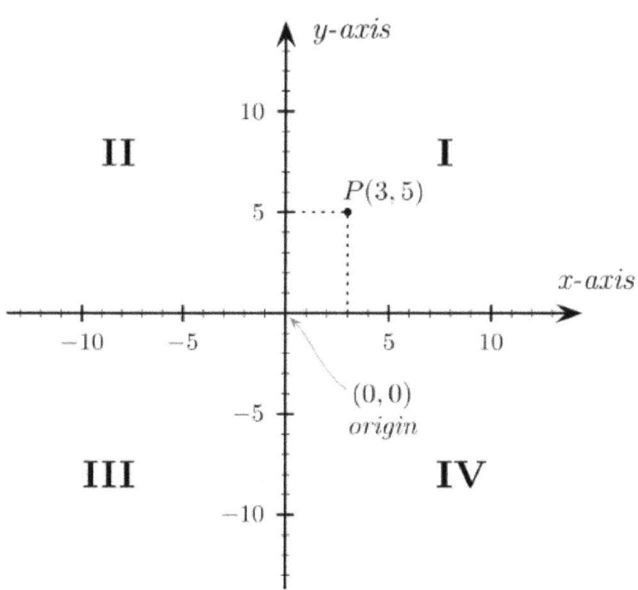

Procedimiento quirúrgico

El primer aparato de estereotaxia fue desarrollado en 1906 por Henry Clarke y Victor Horsley para realizar estudios en animales pequeños. Sin embargo, no fue adaptado para su utilización en humanos hasta 1947 (Spiegel y Wycis). La técnica estereotáctica se puede utilizar con un instrumental llamado "marco estereotáctico", o sin él, que es la **Neuronavegación** propiamente dicha.

Su fundamento matemático e0s el **sistema de coordenadas espaciales (3D) cartesiano**, inventado por el filósofo y matemático francés René Descartes (1596-1650).

Los sitios del cerebro que utilizamos clásicamente como blancos quirúrgicos son el núcleo ventral intermedio medial del tálamo (**VIM**), el segmento interno del globo pálido (**GPi**) y el núcleo subtalámico (**NST**). Recientemente se han utilizado otras estructuras cerebrales como la corteza cerebral motora, radiaciones prelemniscales, núcleo pedúnculo pontino y zona incerta entre otras.

La técnica estereotáctica, de acuerdo a lo visto previamente, requiere de un instrumental especial (aparato estereotáctico), imágenes médicas de alta definición y resolución (TAC y/o IRM) y sistemas informáticos sofisticados para calcular las coordenadas cartesianas espaciales. Esto hace que la técnica sea compleja, ya que tiene diversos pasos que se deben ejecutar en forma precisa y secuencial.

Si bien al inicio de mi experiencia (FC) en técnica estereotáctica en 1995 fue utilizando diversos aparatos estereotácticos, desde 1998 con la compra de equipamiento propio (Micromar TM-03, Micromar® Ind. e Com. LTDA, Diadema, San Pablo, Brasil), empleamos la misma técnica quirúrgica en todos los pacientes, en forma sistematizada para disminuir la posibilidad de errores, considerando tres etapas: control prequirúrgico, procedimiento quirúrgico y seguimiento postquirúrgico.

El control prequirúrgico, una vez seleccionado al paciente y la técnica ideal en las semanas o meses previos, sigue con el repaso de la historia clínica del paciente, el chequeo de todos sus estudios prequirúrgicos para asegurarnos que esté todo en perfectas condiciones.

El procedimiento quirúrgico en sí mismo, tiene cinco etapas claramente diferenciadas:

1- Localización guiada por imágenes.

2- Armado del resto del aparato estereotáctico y trepanación.

3- Mapeo neurofisiológico con microrregistro.

4- Control neurológico clínico con macroestimulación.

5- Producción de la lesión o colocación del electrodo de estimulación crónica con control radioscópico.

1- Localización guiada por imágenes

El primer paso es la colocación del marco o aro estereotáctico, que es un anillo de titanio que se sujeta al cráneo del paciente mediante cuatro tornillos en la frente y en la parte posterior de la cabeza, bajo anestesia local y regional. El marco es una parte del aparato estereotáctico. Con el marco colocado, se lleva al paciente a la sala de imágenes y se le realiza una TAC o una IRM de cerebro sin y con material de contraste endovenoso (para ver las arterias y venas), para la correcta localización del blanco seleccionado para la ablación o para la colocación de los electrodos. Esta imagen se fusiona con las imágenes previas del paciente consiguiendo una excelente definición de las estructuras anatómicas generadas con la IRM junto con la precisión de distancias generadas por la TAC.

Antiguamente se utilizaban atlas para la localización de los blancos, pero la calidad de imágenes y la confiabilidad de los sistemas informáticos, nos permite seleccionar los blancos de acuerdo a la anatomía individual y única de cada paciente.

Una vez determinado el blanco anatómico de interés, mediante el uso de un programa computarizado se realiza el cálculo matemático de las coordenadas cartesianas espaciales: X (izquierda- derecha), Y (anterior-posterior), Z (profundidad), y los dos ángulos alfa y beta que nos da la angulación anteroposterior y lateral. Estos datos son como los datos de longitud y latitud que usamos para el GPS del auto o del teléfono móvil, pero al usar cinco datos en vez de dos, la precisión es sub-milimétrica.

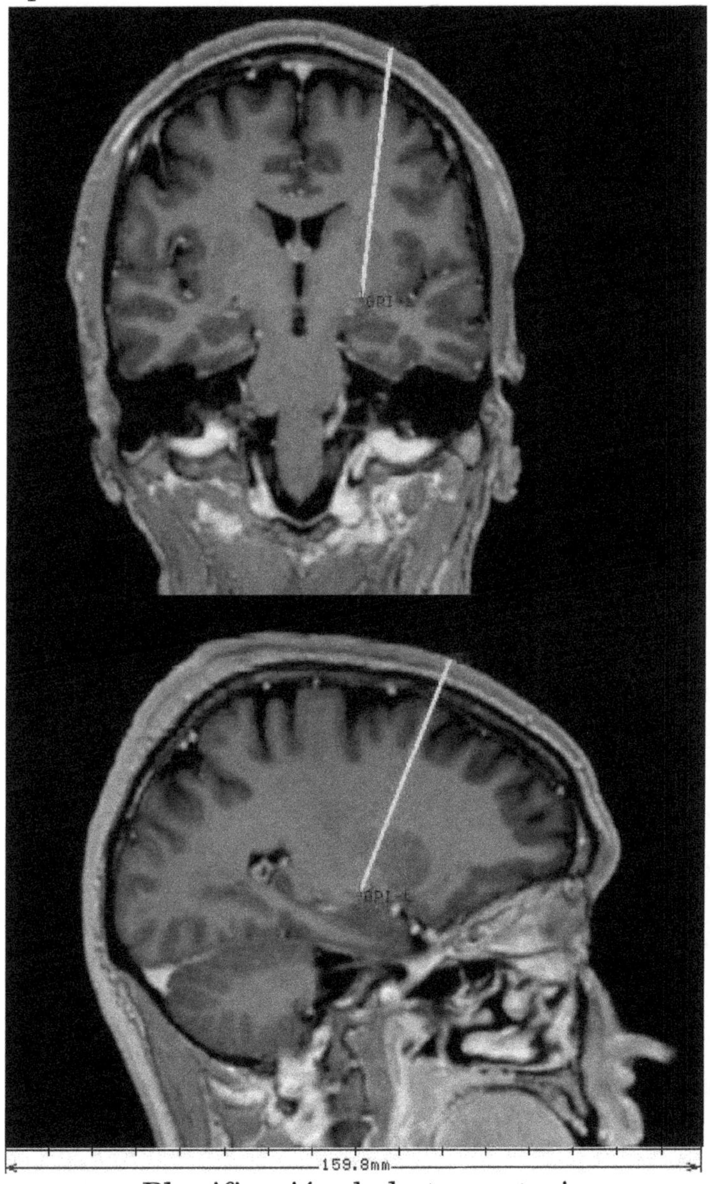

Planificación de la trayectoria.

BlueFrame-NS-SRS - Coordinates Report. 2017/10/20 12:56

(c)A. Alaminos Bouza

Patient :
Clinic : Mendoza
Physician:
Plan File:

No	POI	X	Y	Z	alpha	beta	From
0	AC	-0.1	17.4	40.0			
1	PC	0.6	-9.5	40.9			
2	IHP	1.8	-10.4	101.7			
3	*R	12.0	2.5	36.0	74.0	119.0	OUT
4	*L	-12.0	2.0	36.0	70.0	65.0	OUT
5	ICP	0.2	3.9	40.4			

Coordenadas cartesianas espaciales.

2- Armado del resto del aparato estereotáctico y trepanación.

El paciente es llevado a quirófano y con anestesia local y una sedación suave para mantener al paciente despierto y colaborador, pero sin dolor, se realiza un pequeño orificio de trépano de 14 mm de diámetro. Las coordenadas espaciales del sistema cartesiano (X, Y, Z) se replican en resto del equipo quirúrgico estereotáctico que nos conducen con absoluta precisión al blanco quirúrgico, como un verdadero "GPS" cerebral. Hasta aquí, ya sea cirugía ablativa o funcional, la técnica es la misma.

En el caso de la técnica ablativa, se coloca un electrodo y mediante un equipo de radiofrecuencia, se aumenta la temperatura hasta conseguir una pequeña lesión de unos 5 milímetros de diámetro, que se puede repetir hasta lograr dos o tres lesiones. Se hace de un solo lado del cerebro para controlar los síntomas del lado contralateral, mientras es revisado por el neurólogo clínico. Luego se retira el marco estereotáctico y es controlado en cuidados intensivos por unas horas y se le da de alta al día siguiente, previa TAC de control.

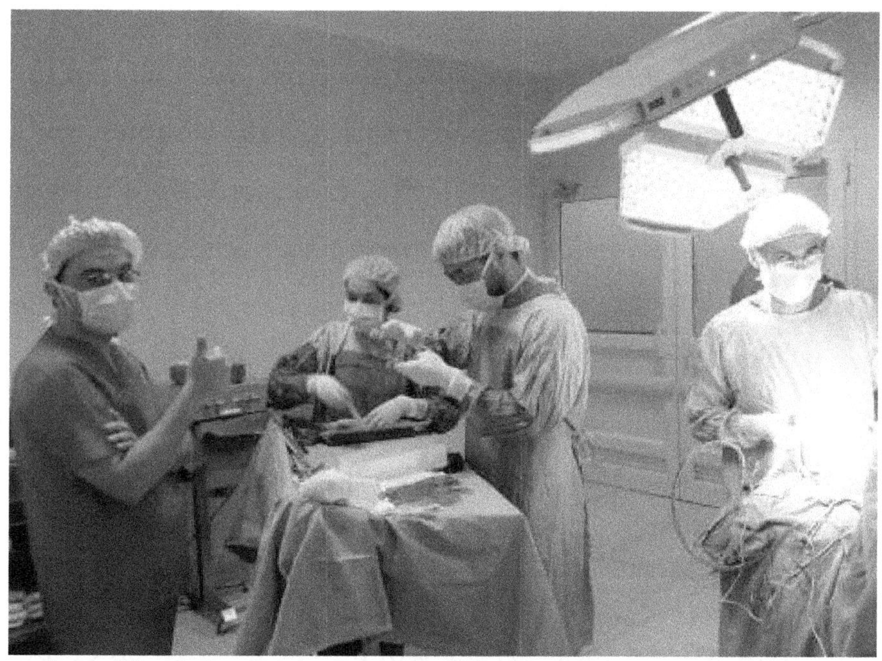

Armado del aparato estereotáctico por parte del Dr. Alejandro Vázquez.

En caso de la neuromodulación, se hacen dos agujeros de trépano, uno en cada lado del cráneo ya que el tratamiento suele ser bilateral. En vez de hacer una lesión, se coloca un electrodo que queda fijado al cráneo y luego, mediante unos cables conectores, se unen esos electrodos por debajo de la piel a una batería que se coloca a nivel del tórax, por debajo de la clavícula derecha, igual que un marcapasos cardíaco.

3- Mapeo neurofisiológico con microrregistro.

Si bien con las imágenes del paciente y las coordenadas obtenidas mediante los programas informáticos ya estamos en condiciones de hacer la ablación o la colocación del electrodo, queremos asegurarnos que lo que estamos "viendo" anatómicamente se corresponda también con lo que está "funcionando mal". La Neurocirugía Funcional trata las enfermedades funcionales del cerebro que no se ven en las imágenes como los tumores o las hemorragias cerebrales.

Por lo tanto, la evaluación fisiológica de la actividad neuronal de los blancos nos da un grado de precisión mayor que si sólo nos guiáramos por imágenes. La evaluación fisiológica la hacemos mediante un registro con microelectrodos (microrregistro) que se colocan en el lugar elegido.

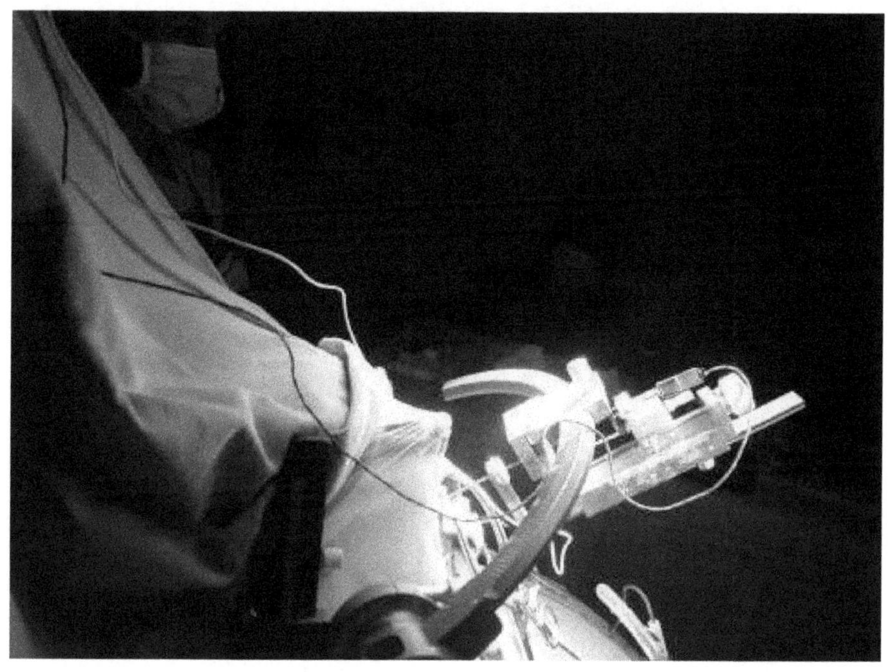

Equipo de microrregistro intracerebral.

El microrregistro nos da la información fisiológica de los patrones de descarga característicos de cada núcleo (sustancia gris), diferenciándolos de otros núcleos y de la sustancia blanca. Utilizando un transductor, no solo podemos ver las ondas características de cada núcleo neuronal, sino también los podemos escuchar y determinar visual y auditivamente el lugar preciso donde estamos. Si bien se gana en precisión, se prolonga el tiempo quirúrgico, el costo de la cirugía y un aumento del riesgo de hemorragia al colocar los microelectrodos.

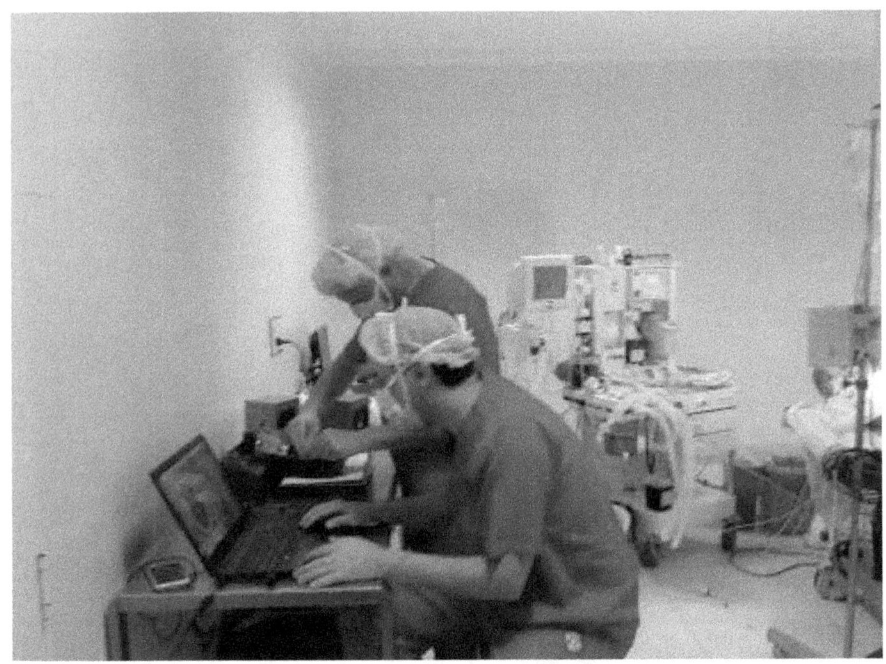

Bioingenieros en quirófano.

Registro de las ondas cerebrales.

4- Control neurológico clínico con macroestimulación.

Con el paciente despierto y colaborador, se realiza una macroestimulación a alta frecuencia para buscar la mejoría de los síntomas (temblor, rigidez, bradiquinesia) que es evaluada por el neurólogo clínico. Se lo estimula con diferentes parámetros hasta conseguir una mejora de los síntomas del paciente, confirmada por él mismo.

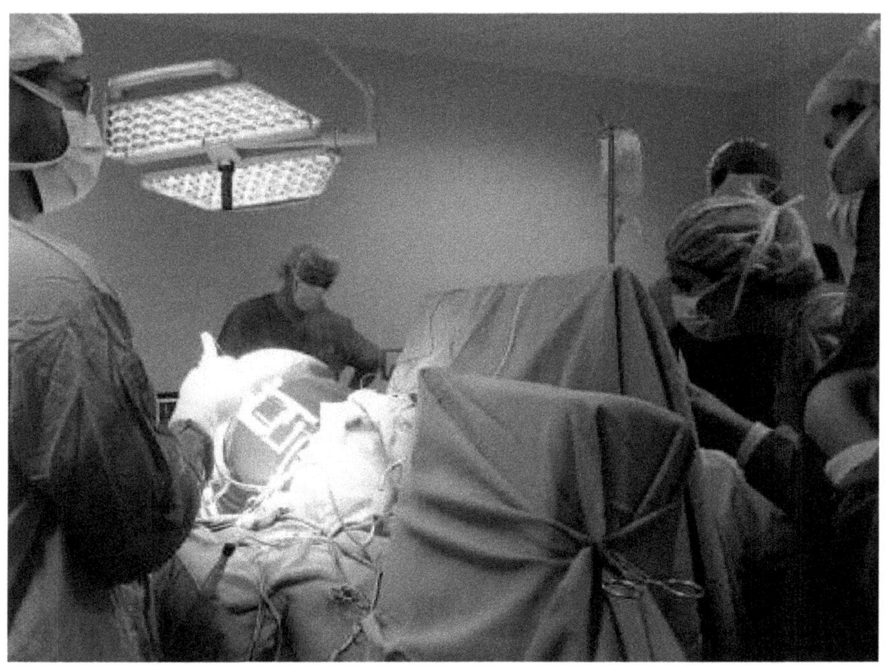

La neuróloga, Dra. Marina Sánchez Abraham, revisando al paciente despierto para determinar la respuesta terapéutica.

Además, de esta manera se evalúa la aparición de síntomas indeseados, como problemas visuales, del lenguaje o motores y sensitivas de brazo, pierna o cara, que significaría una proximidad a otras zonas del cerebro que no queremos estimular. Habiendo elegido el sitio que provee la mejor respuesta terapéutica sin síntomas adversos, recién ahora estamos en condiciones de realizar la lesión o la colocación del electrodo de estimulación definitiva.

5- Producción de la lesión o colocación del electrodo de estimulación crónica con control radioscópico.

Una vez confirmado anatómicamente mediante imágenes, neurofisiológicamente mediante el microrregistro y clínicamente mediante la micro y/o macroestimulación, se realiza la lesión correspondiente o la colocación del electrodo de estimulación crónica.

En ambos casos esta etapa se lleva a cabo mediante un nuevo control intraoperatorio que consiste en ver el extremo del electrodo de lesión o de estimulación crónica con un equipo especial de rayos X denominado radioscopio.

La lesión mediante técnica de termocoagulación por radiofrecuencia es segura, predecible y reproducible, con lo cual nos permite planear el tamaño y forma precisa de la lesión basándose en el diámetro y la exposición del electrodo, temperatura y tiempo

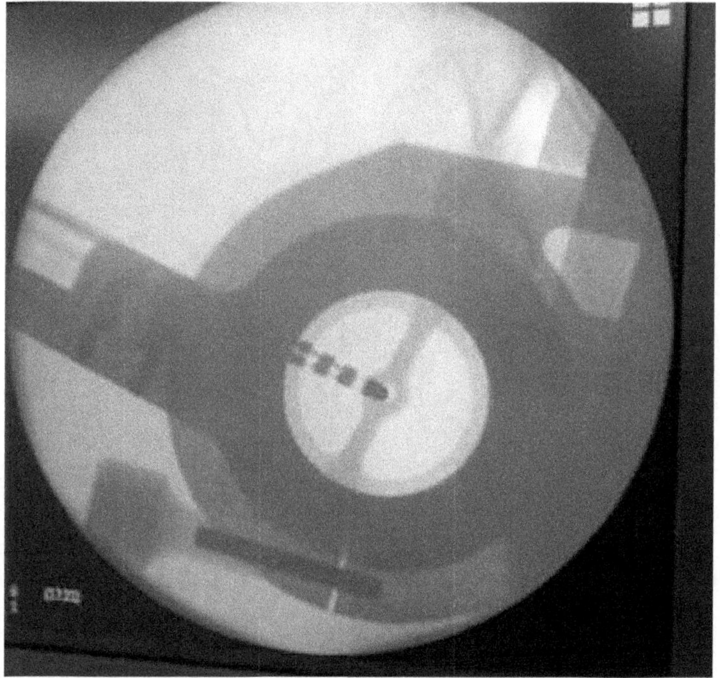

Imagen radioscópica intraoperatoria que muestran los dos electrodos perfectamente centrados.

. Se pueden hace 1, 2 o 3 lesiones con temperaturas que oscilan entre los 60º y los 90º C. durante aproximadamente 60 segundos. La lesión debe tener un tamaño óptimo para controlar los síntomas sin producir daño en las estructuras aledañas. Durante la realización de la lesión, el neurólogo clínico evalúa permanentemente el estado neurológico del paciente.

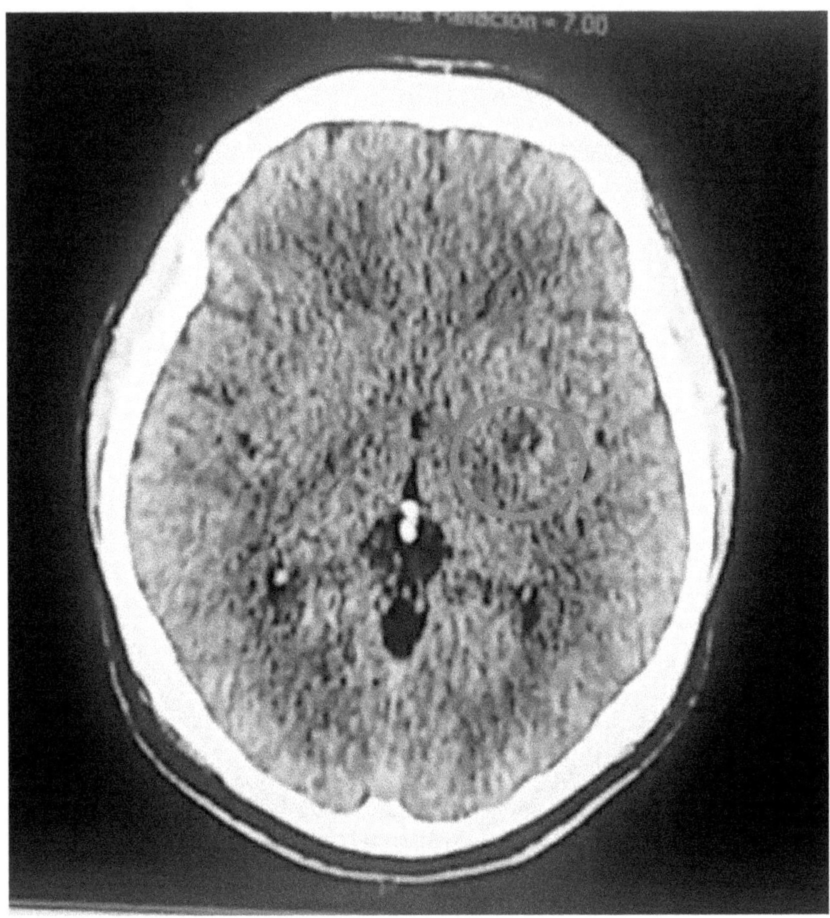

Lesión a nivel del Globo Pálido Interno (GPi)

En el caso de ECP, el electrodo se fija al cráneo, el anestesista seda al paciente para conectar el electrodo al generadores de pulso (batería o marcapasos) implantados en forma subcutánea en la región subclavicular derecha.

Luego de la cirugía el paciente es controlado en la Unidad de Cuidados Intensivos y se le realiza una TAC de control antes del alta, usualmente en 24 o 48 horas.

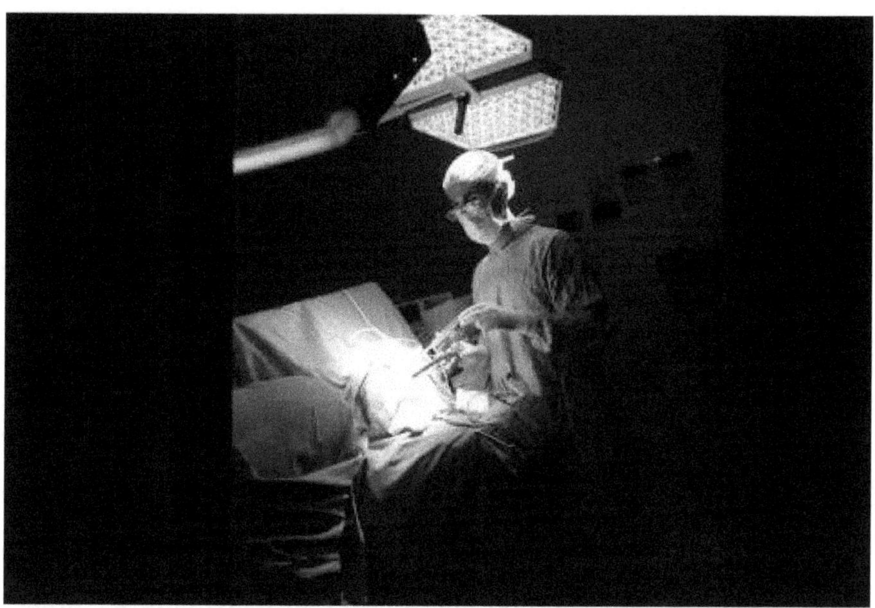

Colocación del Electrodo Cerebral Profundo.

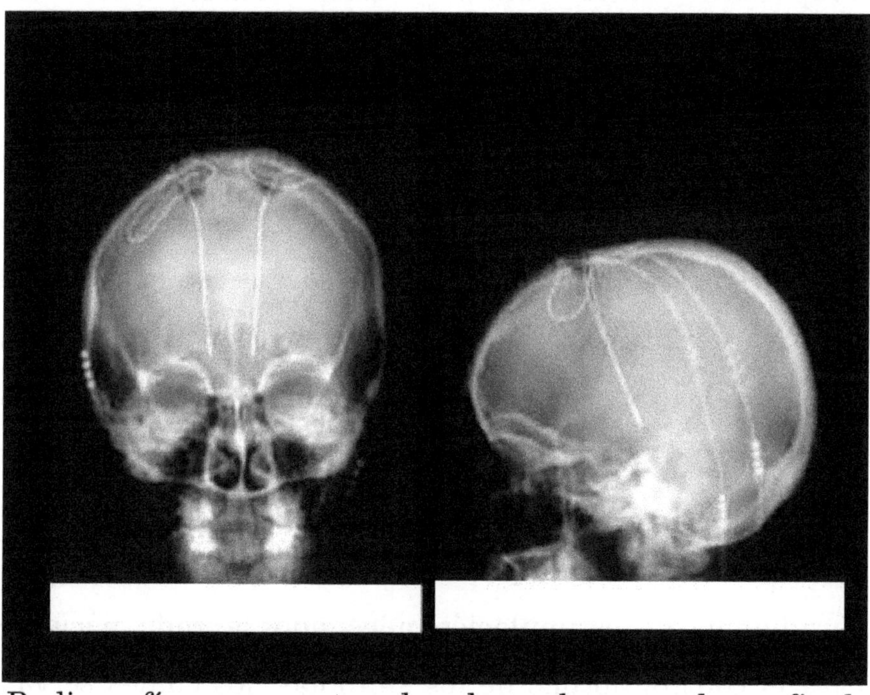

Radiografía que muestras los electrodos en su lugar final.

-¿Qué pasa después de la cirugía?

Todas las cirugías descritas mejoran notablemente los síntomas y la calidad de vida del paciente, pero debemos recordar la pirámide del tratamiento que mencionamos al inicio. El paciente debe seguir con el tratamiento indicado por su neurólogo de cabecera y no debe dejar la rehabilitación transdisciplinaria.

En el caso de las técnicas ablativas, el paciente sigue con su vida normal sin mayores controles por parte del neurocirujano, excepto los habituales para cualquier otra cirugía, como curación de la herida operatoria. El efecto terapéutico suele durar varios años, pero no indefinidamente, ya que la enfermedad de Parkinson avanza.

En el caso de la neuromodulación donde se le colocó el marcapasos al paciente, si la batería es "recargable", una o dos veces por semana lo tendrá que cargar con la corriente eléctrica del hogar. Además, debe concurrir a la consulta del neurólogo para que le programe o "dosifique" el estímulo eléctrico mediante telemetría con un programador externo semejante a un control remoto. La versatilidad de los equipos modernos hace que se consigan paradigmas de estimulación adecuados a cada paciente para el control óptimo de los síntomas, los cuales se van modificando de acuerdo a la evolución de su enfermedad.

Las variables posibles de programar son: amplitud, frecuencia, ancho de pulso y polaridad de los electrodos. Esto hace que las posibilidades de estimulación sean infinitas, requiriendo mucha paciencia por parte del paciente y del programador ya que el éxito de la cirugía no termina en el quirófano sino se continúa en esta instancia. El objetivo final consiste en lograr el paradigma de estimulación más eficaz para cada paciente, con el mejor control de los síntomas, sin efectos adversos y con el consumo energético óptimo para prolongar la vida media de las baterías, que suele ser de 5 a 10 años. Algunos equipos modernos pueden durar más tiempo, antes de ser cambiadas.

- ¿Cuál es el futuro de la Neuromodulación?

El futuro es muy promisorio. Los progresos en los campos de la genética, imágenes cerebrales, robótica, mecatrónica, bioingeniería, programación, inteligencia artificial, Big Data y otras ramas de la Ciencia, harán posible mejoras considerables en el campo de la Neuromodulación.

La genética hará que podamos seleccionar mucho mejor a los pacientes candidatos a la cirugía y las nuevas técnicas de imágenes del cerebro nos ayudarán a seleccionar mejor los blancos, junto con los monitoreos fisiológicos intraoperatorios. Además, se están estudiando nuevos blancos que permitan el control de los síntomas "axiales" mencionados previamente, como la inestabilidad y dificultad en la marcha, la dificultad en la fonación y en la deglución, entre otros. La **robótica y mecatrónica** permitirán que la cirugía sea aún más precisa de lo que es ahora, y la bioingeniería, junto con los programadores está desarrollando nuevos paradigmas de estimulación mucho más eficaces. La **inteligencia artificial**, especialmente la técnica de *machine learning*, permitirá mejorar el desarrollo de baterías adaptables en circuito cerrado (*closed loop*); esto es, que el impulso eléctrico para controlar los síntomas motores se emita cuando el paciente lo requiera en forma automática. Este tema lo estamos estudiando en nuestro laboratorio.

Por otro lado, ya tenemos electrodos "direccionales", que "apuntan" la estimulación eléctrica exclusivamente en las zonas que lo requieran, evitando estimular zonas del cerebro que no necesitan ser estimuladas. Otro capítulo muy importante es la miniaturización de las baterías e, inclusive, sistemas sin batería que se recargan externamente, como ya los tenemos disponibles para tratamiento del dolor.

Habría indicios de que la técnica de estimulación cerebral profunda retardaría la evolución de la enfermedad y sería neuroprotectora mediada por diversas sustancias química y por eso hemos diseñado una investigación que estamos llevando a cabo al respecto y esperamos resultados en los próximos años. Asimismo, teniendo en cuenta la dificultad de la técnica, los neurocirujanos en formación, no se exponen a estos principios hasta avanzada su formación y si es que alguna vez pueden acceder a la misma. Asimismo, la curva de aprendizaje se hace demasiado larga por lo cual hemos desarrollado un modelo de simulación médica en **realidad virtual** para que la formación médica se pueda realizar en un ambiente seguro y confiable.

Conclusión

Sin ninguna duda, el tratamiento quirúrgico de Neuromodulación en las personas con enfermedad de Parkinson ha adquirido un rol fundamental en la actualidad. La selección personalizada y el tratamiento efectuado por un equipo transdisciplinario experimentado, que considere tantos los aspectos técnicos como los humanos, garantiza el mejor esfuerzo de brindar una técnica efectiva, segura y costo-beneficiosa para mejorar la calidad de vida de los pacientes afectados. Los resultados actuales son lo suficientemente buenos como para tener presente esta herramienta en el tratamiento habitual de los pacientes y el futuro se avecina muy promisorio, con tratamientos aún más precisos y con mejores efectos para controlar los síntomas y aún, posiblemente, enlentecer el avance de la enfermedad.

Referencias Bibliografías

Afentou N, Jarl J, Gerdtham UG, Saha S. Economic Evaluation of Interventions in Parkinsons Disease: A Systematic Literature Review, Movement Disorders Clinical Practice, 10.1002/mdc3.12755, **6**, 4, (282-290), (2019).

André, C. Envolving story: trepanation and self-trepanation to enhace brain function. Arq Neuro-Psiquiatr [online]. 2017;75(5):307-313.

Arnott R, Finger S, Smith C, et al. Trepanation: history, discovery, theory. London: CRC Press; 2003. Chapter 1, Ephraim George Squiers Peruvian Skull and the Discovery of Cranial Trepanation; p 3-18.

Azeem SS, Origitano TC. Ventricular catheter placement with a frameless neuronavigational system: a 1-year experience. Neurosurgery. 2007;60:243–247.discussion 247-248.

Barker RA, Barret J, Mason SL, Bjorklund A. Fetal dopaminergic transplantation trials and the future of neural grafting in Parkinsons disease. The Lancet Neurology. 2013 12(1):84-91.

Benabid AL, Pollak P, Louveau A, Henry S, De Rougement J.: Combined (thalamotomy and stimulation) stereotactic surgery of the VIM thalamic nucleus for bilateral Parkinson disease. Appl Neurophysiol 50: 344-6, 1987.

Benabid AL. Deep brain stimulation for Parkinsons disease. *Current Opinion in Neurobiology*. 2003;13(6): 696–706.

Cabrera LY, Goudreau J, Sidiropoulos C, Critical appraisal of the recent US FDA approval for earlier DBS
intervention, Neurology, 10.1212/WNL.000000000000 5829, **91**, 3, (133-136), (2018).

Calisaneller T, Ozdemir O, Ozger O, et al. The accuracy and diagnostic yield of computerized tomography guided stereotactic biopsy in brain lesions. Turk Neurosurg. 2008,18(1):17-22).

Can S, Turkmenoglu O, Tanik C, et al. Computerized Tomography-Guided stereotactic biopsy of intracranial lesions: report of 500 Consecutive cases. Turk Neurosurg. 2017;27(3):395-400.

Carod-Artal FJ, Vázquez-Cabrera CB. Neurological paleopathology in the pre-Columbine cultures of the coast and the Andean plateau. Revista de Neurología. 2004;38(9):866-894.

Casas S, Cremaschi F. A Positive Effect of Progesterone on Corticostriatal Glutamatergic Pathway of

Hemiparkinsonisms Rats Models. Neuromodulation (ISBN: 1094-7159) 2011. Volumen: 14, N° 4

Casas S, Giuliani F, Cremaschi FE, Yunes R, Cabrera R. Neuromodulatory effect of progesterone on the dopaminergic, glutamatergic, and GABAergic activities in a male rat model of Parkinsons disease. Neurological Research (ISSN: 0161-6412); Volume 35, No. 7, pp. 719-725(7); September 2013

Chang, D. (2020). Quantitative Assessment of Gait and Balance Following Deep Brain Stimulation in Patients with Parkinsons Disease.

Chen, T., Mirzadeh, Z., Chapple, K. M., Lambert, M., Shill, H. A., Moguel-Cobos, G., Tröster, A. I., Dhall, R., & Ponce, F. A. (2018). Clinical outcomes following awake and asleep deep brain stimulation for Parkinson disease. *Journal of Neurosurgery*, *130*(1), 109-120.

Cif L, Hariz M. Seventy years of pallidotomy for movement disorders. Mov Disord. 2017 Jul;32(7):972–82.

Cremaschi FE. Potencialidad del Epiplón Mayor en el Control de los Síntomas Parkinsonianos. Neurotarget. Revista de Neurocirugía Funcional, Estereotaxia y Radiocirugía. 2006; 1 (1): 56.

Cremaschi FE. Nucleus accumbens septi en mamíferos: estudios conductuales y neurofarmacológicos en relación a sus funciones no motoras y su potencial como blanco neuroquirúrgico. Neurotarget. Revista de Neurocirugía Funcional, Estereotaxia y Radiocirugía. 2007; 2 (2): 49.

Cremaschi FE. Factores culturales y lateralización hemisférica cerebral: importancia para los métodos de Neuromodulación en desarrollo. Neurotarget 2010;5(2):32-41

Cremaschi FE, Serrano L. El núcleo subtalámico y su potencial utilidad como blanco de estimulación cerebral profunda en trastorno obsesivo-compulsivo. Neurotarget. 2011 Volumen: 6, N° 3.

Cremaschi FE. Aspectos Éticos de las Nuevas Tendencias en Neurocirugía Funcional y Neuromodulación. Neurotarget. 2015 Volumen: 9, N° 2. 31-32.

Cremaschi FE, Sánchez Abraham M, Vázquez A, Guirao M. Poster Presentation. Use of PET/MRI for Optimization of preoperative diagnosis of Parkinsons disease: a preliminary experience from Mendoza, Argentina. 18th Biennial Meeting of the World Society for Stereotactic and Functional Neurosurgery Congress. Nueva York, EE.UU. 24 al 27 de junio de 2019.

Cremaschi FE, Piedimonte F, Vázquez A. Fractura de extensión de electrodos en estimulación cerebral profunda para distonía cervical: reporte de caso y revisión de la literatura. Neurotarget, 2018.

da Silva, A. G., Leal, V. P., da Silva, P. R., Freitas, F. C., Linhares, M. N., Walz, R, Palha, A. P. (2020). Difficulties in activities of daily living are associated with stigma in patients with Parkinsons disease who are candidates for deep brain stimulation. *Brazilian Journal of Psychiatry*, *42*(2), 190-194.

Dang TTH, Rowell D, Connelly LB. Cost-Effectiveness of Deep Brain Stimulation. With Movement Disorders: A Systematic Review, Movement Disorders Clinical Practice, 10.1002/mdc3.12780, **6**, 5, (348-358), (2019).

De Divitiis E. The Prehistoric Practice of Trepanation. World Neurosur. 2013;80(6):821-823.

Deng H, Yue JK, Wang DD. Trends in safety and cost of deep brain stimulation for treatment of movement disorders in the United States: 2002–2014, British Journal of Neurosurgery, 10.1080/02688697.2020.1759776, (1-8), (2020).

Douglas JH. Golden Clues to the Mystery of the Andes. *Science News*. 1978, 114 (10): 171–173.

Eijkholt M, Cabrera LY, Ramirez-Zamora A, Pilitsis JG. Shaking Up the Debate: Ensuring the Ethical Use of DBS Intervention Criteria for Mid-Stage Parkinsons

Patients, Neuromodulation: Technology at the Neural Interface, 10.1111/ner.12608, **20**, 5, (411-416), (2017).

Fengqiang L, Jiadong Q, Yi L. Computer-assisted stereotactic neurosurgery with framework neurosurgery navigation. Clin Neurol Neurosurg. 2008;110:696–700].

Fodstad H, Hariz M, Ljunggren B. History of Clarke´s stereotactic instrument. Stereotactic Funct Neurosurg. 1991;57:130-40.

Fransson, P. A., Nilsson, M. H., Niehorster, D. C., Nyström, M., Rehncrona, S., Tjernström, F, Patel, M. (2020). Exploring the effects of deep brain stimulation and vision on tremor in Parkinsons disease-benefits from objective methods. *Journal of NeuroEngineering and Rehabilitation*, *17*, 1-14.

Gal O, Polakova K, Brozova H. Validation of the Freezing of Gait Questionnaire in patients with Parkinsons disease treated with deep brain stimulation. *Neurol Sci* 41, 1133–1138 (2020)

Geraedts, V. J., Feleus, S., Marinus, J., van Hilten, J. J., & Contarino, M. F. (2020). What predicts quality of life after subthalamic deep brain stimulation in Parkinsons disease? A systematic review. *European Journal of Neurology*, *27*(3), 419-428.

Gildenberg P. Stereotactic versus Stereotaxic. Neurosurg. 1993;32(6):965-966.

Gildenberg P. The history of stereotactic neurosurgery. Neurosurg Clin North Am. 1990;1(4):765-780.

Goodrich, J. How to get in and out of the skull: from tumi to "hammer and chisel" to the Gigli saw and the osteoplastic flap. Neurosurg Focus [online]. 36(4) E6, Majmundar N, Assina R, Prestigiacomo C, et al. Neurosurgery in Ancient India: Susruta. Indian J Neurosurg. 2015;4:117-123.

Green AL, Gregory R. Cost-utility analysis alongside the PD SURG trial, Movement Disorders, 10.1002/mds.26916, **32**, 4, (631-632), (2017).

Guo S, Li J, Zhang Y, Li Y, Zhuang P. (2020) Optimal target localisation and eight-year outcome for subthalamic stimulation in patients with Parkinsons disease, British Journal of Neurosurgery, DOI: 10.1080/02688697.2020.1775786

Habets, J., Heijmans, M., Kuijf, M. L., Janssen, M., Temel, Y., & Kubben, P. L. (2018). An update on adaptive deep brain stimulation in Parkinsons disease. *Movement disorders : official journal of the Movement Disorder Society*, *33*(12), 1834–1843.

Hariz M, Tabrizi S. Patients with Huntingtons disease pioneered human stereotactic neurosurgery 70 years ago. Brain. 2017;40(9):2516-2519.

Helmers AK, Birkenfeld F, Deuschl G, Paschen S, Cohrs G, Mehdorn HM, Falk D. Do Adaptors Shorten the Battery Life of Nonrechargeable Generators for Deep Brain Stimulation?, World Neurosurgery, 10.1016/j.wneu.2019.02.064, (2019).

Horsley V, Clarke R. The structure and functions of the cerebellum examined by a new method. Brain. 1908;31:45-124.

Jaggi JL, Umemura A, Hurtig HI, Siderowf AD, Colcher A, Stern MB, et al. Bilateral stimulation of the subthalamic nucleus in Parkinsonsdisease: surgical efficacy and prediction of outcome. Stereotact Funct Neurosurg 2004; 82: 104-14.

Kringelbach ML, Aziz TZ. Neuroethical Principles of Deep-Brain Stimulation. World Neurosurg. (2011) 76, 6:518-519.

Kuhn J, Hardenacke K, Shubina E, Lenartz D, Visser-Vandewalle V, Zilles K, Sturm V, Freund HJ, Deep brain stimulation of the nucleus basalis of Meynert in early stage of Alzheimers Dementia, *Brain Stimulation* (2015), doi: 10.1016/j.brs.2015.04.002

Lasak J, Gorechi J. The History of Stereotactic Radiosurgery and Radiotherapy. Otolaryngol Clin North Am. 2009;42(4):593-599.

Lee, D. J., & Lozano, A. M. (2018). The Future of Surgical Treatments for Parkinsons Disease. *Journal of Parkinsons disease*, *8*(s1), S79–S83.

Lebel, K., Duval, C., Goubault, E., Bogard, S., & Blanchet, P. J. (2020). Can we predict the motor performance of patients with Parkinsons disease based on their symptomatology?. *Frontiers in Bioengineering and Biotechnology*, *8*.

Lin, F., Wu, D., Lin, C., Cai, H., Chen, L., Cai, G., ... & Cai, G. (2020). Pedunculopontine Nucleus Deep Brain Stimulation Improves Gait Disorder in Parkinsons Disease: A Systematic Review and Meta-analysis. *Neurochemical Research*, 1-11.

Limousin, P., Foltynie, T. (2019). Long-term outcomes of deep brain stimulation in Parkinson disease. *Nat Rev Neurol* 15, 234–242.

Little, S., & Brown, P. (2020). Debugging Adaptive Deep Brain Stimulation for Parkinsons Disease. *Movement Disorders*, *35*(4), 555-561.

Liu CY, Apuzzo MLJ. The genesis of neurosurgery and the evolution of the neurosurgical operative environment:

part I – Prehistory to 2003. Neurosurgery 2003;52:3-19.

Luciano Mecacci. Radiografía del Cerebro. Navegar por el Oceáno. Editorial Ariel:Barcelona. 1985. Pp 91-105]

Majmundar N, Assina R, Prestigiacomo C, et al. Neurosurgery in Ancient India: Susruta. Indian J Neurosurg. 2015;4:117-123.

Malham GM, Wells-Quinn T. What should my hospital buy next?—Guidelines for the acquisition and application of imaging, navigation, and robotics for spine surgery". J Spine Surg. 2019, 5 (1): 155–165.

Malinowski, Bronislaw: Los Argonautas del Pacífico Occidental. 1922]. [Gladwin, Thomas: El Este es un Gran Pájaro; Navegación y Lógica en el Atolón de Puluwak. 1970.

McIntosh E, Gray A, Daniels J, Gill S, Ives N, Jenkinson C, Mitchell R, Pall H, Patel S, Quinn N, Rick C, Wheatley K, Williams A. Cost-utility analysis of deep brain stimulation surgery plus best medical therapy versus best medical therapy in patients with Parkinsons: Economic evaluation alongside the PD SURG trial, Movement Disorders, 10.1002/mds.26423, **31**, 8, (1173-1182), (2016).

Mohammed A, Bayford R, Demosthenous A. Toward adaptive deep brain stimulation in Parkinsons disease: a review, Neurodegenerative Disease Management, 10.2217/nmt-2017-0050, **8**, 2, (115-136), (2018).

Moosa, S., Martínez-Fernández, R., Elias, W. J., Del Alamo, M., Eisenberg, H. M., & Fishman, P. S. (2019). The role of high-intensity focused ultrasound as a symptomatic treatment for Parkinsons disease. Movement disorders : official journal of the Movement Disorder Society, 34(9), 1243–1251.

Muciño Bolaños, M. C., Meneses Rodríguez, F., Sámano Osuna, J. A., Ayar Hernández, C. B., & Torres Alarcón, C. G. (2020). Deep cerebral stimulation in bilateral subtalamic nucleus in patients with Parkinsons disease in the Central Military Hospital. *Revista de Sanidad Militar*, *73*(2), 90-95.

Mugge, L., Krafcik, B., Pontasch, G., Alnemari, A., Neimat, J., Gaudin, D. (2019). A Review of Biomarkers Use in Parkinson with Deep Brain Stimulation: A Successful Past Promising a Bright Future. World Neurosurg., 123:197-207.

Nagao, K. J., & Patel, N. J. (2019). From medications to surgery: advances in the treatment of motor complications in Parkinsons disease. Drugs in context, 8, 212592.

Parastarfeizabadi M, Kouzani AZ. Advances in closed-loop deep brain stimulation devices, Journal of NeuroEngineering and Rehabilitation, 10.1186/s12984-017-0295-1, **14**, 1, (2017).

Philipson J, Blomstedt P, Fredricks A, Hariz M, Stenmark Persson R, Jahanshahi M. (2020). Short- and long-term cognitive effects of deep brain stimulation in the caudal zona incerta versus best medical treatment in patients with Parkinsons disease, *Journal of Neurosurgery JNS*, 1-9.

Pisapia JM, Halpern CH, Williams NN, Wadden TA, Baltuch GH, Stein SC, Deep brain stimulation compared with bariatric surgery for the treatment of morbid obesity: a decision analysis study. J Neurosurg 109:000–000, 2008

Preul MC, Forcht Dagi T, Prestigiacomo CJ, Sloffer CA. Neurosurgery, psychiatry, and function: the history of altering behavior, thought, and function through Neurosurgery. Neurosurg Focus 43 (3):E1, 2017.

Quick-Weller J, Tichy J, Nazife D, et al. Benefit and Complications of Frame-Based Stereotactic Biopsy in

Old and Very Old Patients. W Neurosurg. 2017;102(1):442-448.

Refaey K, Clifton W, Quiñones G, et al. Mysterious Civilizations: Is there a connection between Medicine and architecture in ancient Egypt and Peru? Cureus [online]. 2019;11(4):e4576.

Rizzi M, Trezza A, Messina G, De Benedictis A, Franzini A, Marras CE. Exploring the brain through posterior hypothalamus surgery for aggressive behavior. Neurosurg Focus 43 (3):E14, 2017.

Rzesnitzek L, Hariz M, Krauss J, K: The Origins of Human Functional Stereotaxis: A Reappraisal. Stereotact Funct Neurosurg 2019;97:49-54.

Savastano L, Dujovny M, Ibe O, Sockwell N, Sosa P, Cremaschi FE. Microvascular anatomy of the cerebellar parafloccular perforating space. J Neurosurg September 4, 2015. Manuscript ID is: JNS14-2693.

Schoroeder H, Wagner W, Tschiltschke W, et al. Frameless neuronavigation in intracranial endoscopic neurosurgery. J Neurosurg. 2001;94(1):72-79.

Schuepbach, M., Tonder, L., Schnitzler, A., Krack, P., Rau, J., et al. (2019). Quality of life predicts outcome of deep brain stimulation in early Parkinson disease. Neurology, 92:e1109-e1120.

Serrano L, Casnati F, Cremaschi FE. El núcleo ventromedial posterior del tálamo (VMpo) y un nuevo paradigma en la fisiología del dolor. Neurotarget. (ISSN: 1850-4485) 2015 Volumen: 9, N° 2. 10-17.

Sette AL, Seigneuret E, Reymond F, Chabardes S, Castrioto A, Boussat B, Moro E, François P, Fraix V, Battery longevity of neurostimulators in Parkinson disease: a historic cohort study, Brain Stimulation, 10.1016/j.brs.2019.02.006, (2019).

Shin, H. W., Kim, M. S., Kim, S. R., Jeon, S. R., & Chung, S. J. (2020). Long-term Effects of Bilateral Subthalamic Deep Brain Stimulation on Postural Instability and Gait Difficulty in Patients with Parkinsons Disease. *Journal of Movement Disorders*, *13*(2), 127-132.

Spiegel EA, Wycis HT, Marks M, Lee AJ. Stereotaxic apparatus for operations on the human brain. Science 1947; 106: 349–50.

Spindola B, Leite MA, Orsini M, Fonoff E, Landeiro JA, Lima Pessoa B. Ablative surgery for Parkinsons disease: Is there still a role for pallidotomy in the deep brain stimulation era?, Clinical Neurology and Neurosurgery, 10.1016/j.clineuro.2017.04.018, **158**, (3 3-39), (2017).

Stroupe KT, Smith B, Weaver FM, Gonzalez B, Huo Z, Cao L, Ippolito D, Follett KA. Healthcare Utilization and Costs for Patients With Parkinsons Disease After Deep Brain Stimulation, Movement Disorders Clinical Practice, 10.1002/mdc3.12765, **6**, 5, (369-378), (2019).

Teixeira M, Fonoff E. Breve história da estereotaxia. Rev. Med. (São Paulo) [Internet]. 29jun.2004 [citado 16set.2019];83(1-2):50-3.

Tekriwal, A., Afshar, N. M., Santiago-Moreno, J., Kuijper, F. M., Kern, D. S., Halpern, C. H., Felsen, G., & Thompson, J. A. (2019). Neural Circuit and Clinical Insights from Intraoperative Recordings During Deep Brain Stimulation Surgery. Brain sciences, 9(7), 173.

Timo, R., Beudel, M., & de Bie, R. M. (2020). Deep Brain Stimulation for Parkinsons Disease. In *Fundamentals and Clinics of Deep Brain Stimulation* (pp. 171-191). Springer, Cham.

Tseng CS, Chung CW, Chen HH, Wang SS, Tseng HM. Development of a robotic navigation system for neurosurgery. Stud Health Technol Inform. 1999;62:358–359.

Tye SJ, Frye MA, Lee KH. Disrupting Disordered Neurocircuitry: Treating Refractory Psychiatric Illness With Neuromodulation. Mayo Clin Proc. • June 2009;84(6):522-532.

Vitek, J. L., Jain, R., Chen, L., Tröster, A. I., Schrock, L. E., House, P. A., ... & Leichliter, T. A. (2020). Subthalamic nucleus deep brain stimulation with a multiple independent constant current-controlled device in Parkinsons disease (INTREPID): a multicentre, double-blind, randomised, sham-controlled study. *The Lancet Neurology*, *19*(6), 491-501.

Wąs, C., & Obuchowska, A. Daily functioning, verbal fluency and emotional functioning of patients with Parkinsons disease treated pharmacologically and with deep brain stimulation. *Health Psychology Report*, *8*(2), 167-174.

You Z, Wu YY, Wu R, Xu Z X, Wu X, Wang XP. (2020). Efforts of subthalamic nucleus deep brain stimulation on cognitive spectrum: From explicit to implicit changes in the patients with Parkinsons disease for 1 year. *CNS Neuroscience & Therapeutics*.

www.ingramcontent.com/pod-product-compliance
Ingram Content Group UK Ltd.
Pitfield, Milton Keynes, MK11 3LW, UK
UKHW021910190726
13853UKWH00002B/600